提高安防技术水平，供给先进安防产品，筑牢新时代社会公共安全"防火墙"。

王彦吉

（王彦吉，中国安全防范产品行业协会理事长）

热烈祝贺苏州安防群英出版

真诚服务企业创新引领工作

着眼安防前沿促进行业发展

庚子秋 杨金才

（杨金才，中国公共安全杂志社社长，深圳市安全防范行业协会会长）

苏州安防群英

王坤泉 主编

苏州大学出版社
Soochow University Press

图书在版编目(CIP)数据

苏州安防群英 / 王坤泉主编. —苏州:苏州大学出版社,2020.12
ISBN 978-7-5672-3395-9

Ⅰ.①苏… Ⅱ.①王… Ⅲ.①安全设备-工业企业-企业家-生平事迹-苏州 Ⅳ.①K825.38

中国版本图书馆 CIP 数据核字(2020)第 249617 号

书　　名：	苏州安防群英
主　　编：	王坤泉
责任编辑：	史创新
出版发行：	苏州大学出版社(Soochow University Press)
社　　址：	苏州市十梓街1号　邮编：215006
印　　装：	苏州工业园区美柯乐制版印务有限责任公司
网　　址：	www.sudapress.com
邮　　箱：	sdcbs@suda.edu.cn
邮购热线：	0512-67480030
开　　本：	700 mm×1 000 mm　1/16　印张：14　字数：202 千
版　　次：	2020 年 12 月第 1 版
印　　次：	2020 年 12 月第 1 次印刷
书　　号：	ISBN 978-7-5672-3395-9
定　　价：	68.00 元

凡购本社图书发现印装错误，请与本社联系调换。
服务热线：0512-67481020

《苏州安防群英》编委会

主 任　陈冬根
副主任　王坤泉
委 员　(按姓氏笔画排列)

马　岩　王安立　王家民　王家伦
车红岩　朱　伟　刘长伟　安　达
李铭华　吴　卉　吴　坚　吴　俊
沈利泽　宋桂友　张子瑜　张月芳
张东润　张雨晗　陆星琦　陈　一
陈　建　陈沁浩　邵　斌　林　松
周丽明　郑　军　房余龙　胡明宇
胡明晶　侯星芳　俞国青　俞晓强
施元中　胥德云　索士心　夏文青
顾　放　顾　斌　徐晓雯　翁志勇
席文兆　蒋　翀　蒋文贤　谢　伟
潘剑铭　戴金陵

主 编　王坤泉
副主编　房余龙　王家伦

序

张跃进

改革开放以来,随着中国经济的快速发展,安全技术防范行业也很快走向成熟,并越来越显示出其在社会经济发展中的重要作用。为了促进行业健康发展,在政府主管部门之外,还需要有一个行业组织,为从事安全技术防范行业相关业务的企事业单位提供服务、技术和管理指导。在此背景下,安防协会应运而生,并广泛开展卓有成效的工作。

苏州市安防协会自2010年成立以来,在苏州市公安局的业务指导下,严格遵守法律法规,努力发挥政府主管部门与安防行业企事业单位之间的桥梁和纽带作用,注重依靠全行业的整体力量开展工作。协会通过服务促进安防行业技术、管理水平和经济效益的不断提高;在为会员单位提供权益保护的同时,加强在爱国守法、行业自律、职业道德建设和公平竞争教育等领域的要求,推动安防行业健康有序快速发展,从而为"平安苏州、和谐苏州"的建设做出积极贡献。

苏州市安防协会还注重加强平台建设,成立四大委员会——专家委员会、诚信委员会、技术创新委员会、团体标准化委员会,构建三大宣传平台——"苏州安防"网站、《苏州安防》内部资料、"苏州安防"微信公众号,为协会工作插上翅膀,给会员企业提供优质服务。其中诚信委员会以加强社会信用体系建设,褒扬诚信、惩戒失信,营造讲诚信、守信用的舆论环境和经营环境为宗旨,在全市行业协会和商会中首创诚信评级工作,自2016年起每年评比一次,收到了非常好的社会效果,得到市信用办的高度肯定与好评。三大宣传平台拥有百余人的编辑和通讯员队伍,做到《苏州安防》每季出刊,微信公众号每周更新,网站每天发布新内容。2020年疫情期间,协会宣传平台更是发挥其线上优势,协会通讯员、编辑、专家撰写的大量原创性文章,被腾讯、搜狐、今日头条和无线苏州选载。线上线下交互融合,极大地发挥了协会的宣传推广作用。

经过各位编辑的不懈努力,《苏州安防群英》就要出版了,我先睹为快。

这本书内容十分丰富,集中展示了十年多来《苏州安防》的20位封面人物,他们都是苏州市安防协会的理事长与副理事长。作为苏州安防行业重要企业的负责人,他们的事迹充分展现了苏州市安防行业的拼搏精神与亮丽风采。书中还附有"大事记",将协会成立以来的大事作了详尽的展示,实际上就是一份颇为详尽的备忘录。

这本书的出版发行,是苏州市安防协会的一件大喜事。它将在苏州安防事业发展的历史上留下浓墨重彩的一笔。

我愿意为大家推荐这本书。

是为序。

2020年8月6日

(张跃进,苏州市警察协会会长,苏州市原副市长,苏州市公安局原局长)

目 录

十年总结

十年留炳耀　一路再辉煌
　　——苏州市安全技术防范行业协会十年成长足迹 / 3

群英风采

陈冬根：行业领跑者　协会建设人 / 47

陈　建：一位讲政治、重感情、有爱心的企业家 / 56

沈　杰：把握机遇　后发制人 / 61

施元中：立足本地的耕耘者 / 66

蒋　翀：敏锐　责任　机遇　多元 / 71

胡明晶：机遇　实力　多元　人才 / 77

王家民：行业先行　内向技控　热心社会 / 83

王西春：平生风云意，所乐在登攀 / 90

车红岩：脚踏实地　感恩前行 / 97

周丽明：不愧于心　不止于行 / 105

蒋文贤：以人为本　率先探索　转换思路　贡献社会 / 112

席文兆：为建筑赋能　为智慧启航 / 119

王　冠：用安全与智慧守护苏州 / 125

胥德云：以厚道之心，做地道之事 / 131

王安立：行业创新者　标准引领者 / 139

马　岩：扎根苏州　深耕安防　拥抱变革 / 146

翁志勇：安防行业在不断带给我惊喜与幸福 / 154

顾　放：用诚信与服务打造三十年本土安防品牌 / 163

林　松：稳中求变　顺势而为 / 167

沈小平：夯实国内领军地位　打造百年通鼎品牌　书写新时代担当 / 173

发展记录

苏州市安全技术防范行业协会发展大事记 / 181

后记 / 211

十年总结

十年留炳耀 一路再辉煌

——苏州市安全技术防范行业协会十年成长足迹

苏州市安全技术防范行业协会成立十周年了。这十年是我们国家发展波澜壮阔的十年,也是苏州市安防行业栉风沐雨铸就辉煌的十年,更是我们安防协会逐梦前行谱写荣耀的十年。回首十年成长足迹,安防协会在政府相关部门的关心帮助下,在市公安局业务指导部门的具体指导下,在广大会员单位的积极参与下,自觉以安防高质量发展为要求,不断丰富工作内涵,嵌入新内容,注入新活力,创造了一个个佳绩,获得了一个个成果。在纪念苏州市安防协会成立十周年之际,总结、回顾十年历程,对我们在新的起点上为加快推进苏州安防探索性、创新性、引领性的高质量发展,为完成立足苏州、服务苏州的目标,为"平安苏州""平安中国"的建设贡献智慧和力量具有重要意义。

一、协会

苏州市安全技术防范行业协会成立于 2010 年 12 月 28 日,其宗旨是服务安防行业,目前已经历两轮换届。

(一)协会成立

2010 年 12 月 28 日下午,苏州市安全技术防范行业协会成立大会与第一届第一次理事会会议召开。

与会人员有江苏省公安厅指挥中心政委、科技处处长薛宏伟,苏州市综治办副主任王玉林,苏州市公安局副局长陈斌华,苏州市民政局副局长陈燕颜,苏州市科技局副调研员尹金田,苏州市公安局信通处副处长汤勇仁,以及刚刚在第一届第一次理事会上表决产生的协会理事长苏州市保安服务公司总经理廖亚萍；另外，还有江苏省公安厅科技处、苏州市综治办、苏州市民政局、苏州市财政局、苏州市质量技术监督局的相关业务主管部门领导，苏州市公安局相关业务部门和各市、区技防管理部门的领导，全体会员单位代表；还邀请了上海市公安局技防管理部门的负责人，上海市、昆山市和苏州工业园区的安防协会代表，部分行业专家、嘉宾等。成立大会上，由市民政局副局长陈燕颜宣读《关于准予苏州市安全技术防范行业协会登记的批复》，江苏省公安厅指挥中心政委、科技处处长薛宏伟致辞，苏州市公安局党委委员、副局长陈斌华致辞，苏州市公安局副局长陈斌华、民政局副局长陈燕颜为协会揭牌。

苏州市安防协会成立大会

第一届会员单位由91家相关企业单位组成，会员代表大会表决通过了《苏州市安全技术防范行业协会章程》和《苏州市安全技术防范行业协会会费收缴及管理办法》，选举产生了29家理事单位；同时召开了苏州市安全技术防范行业协会第一届第一次理事会，表决通过了理事长单位、副理事长单位名单。会议选举通过了第一届常务理事会成员，分别是：理事长廖亚萍（苏州市保安服务公司），副理事长郑军（江苏鸿信系统集成有限公司苏州分公司）、陈伟忠（江苏怡和科技股份有限公司）、胡明晶（江苏中科智能工程有限公司）、施元中（苏州工业园区天华网络技术有限公司）、朱维均［松下系统网络科技（苏州）有限公司］、康浩（江苏新亿迪智能科技有限公司）、王家民（苏州市安太电子有限公司）、王西春（苏州朝阳智能科技有限公司）、陈建（苏州金诚科技有限公司），秘书长杨健康，副秘书长陈伟忠（兼）、施元中（兼）、王西春（兼）。出席会议的领导为新当选的协会理事长、副理事长单位授牌。

苏州市安防协会成立大会

（二）协会换届

苏州市安全技术防范行业协会于2014年12月28日换届，换届大会选举产生了新一届协会理事会，理事长陈冬根（苏州科达科技股份有限公司），副理事长施元中（兼苏州市安防协会副秘书长，苏州天华信息科技股份有限公司）、郑军（江苏鸿信系统集成有限公司苏州分公司）、陈建（苏州金诚科技有限公司）、俞国青（苏州朝阳智能科技股份有限公司）、毛智勇（苏州市国泰实业公司）、周丽明（苏州工业园区保安服务有限公司）、车红岩（杭州海康威视数字技术股份有

苏州市安防协会二届八次理事会

限公司苏州分公司)、林松(苏州市保安服务公司)、胡明晶(江苏中科智能工程有限公司)、蒋文贤[松下系统网络科技(苏州)有限公司]、蒋翀(江苏新亿迪智能科技有限公司)、王家民(江苏安太信息电子有限公司)、沈杰(苏州金脑袋智能系统工程有限公司)、王冠(浙江大华技术股份有限公司),王坤泉被聘任为秘书长。

  本次换届最大的亮点是执行上级文件规定,协会与行政机关脱钩,公安部门领导不再担任协会理事长和秘书长。协会理事长通过选举产生,秘书长通过招聘任职,坚持脱钩不脱管、脱钩不脱责原则,使得协会与公安业务指导部门之间的关系更加顺畅、和谐、协调。

  第二届苏州市安防协会会员单位发展至257家,理事单位28家,副理事长单位17家,理事长单位1家;其中本地企业169家、外地企业88家、工程商164家、产品和代理商93家。企业中,注册资金1000万元以上的有102家,1000万元以下的有155家。至2016年年底,在苏州市注册的安防企业约450家,这些企业单位的年销售额约为人民币102亿元。苏州市安防协会会员单位257家,占同行业的54%,会员单位销售额约为60亿元,占同行业的78.4%。

  2018年12月28日,苏州市安防协会进入第三届任期,理事长陈冬根、秘书长王坤泉均获连任。新增加副理事长胥德云(江苏楼宇科技股份有限公司）、王安立（苏州中亿丰科技有限公司）、马岩（华为技术有限公司）、翁志勇（苏州朗捷通智能科技有限公司）、顾放（苏州市东亚电脑监控工程有限公司）、张月芳（通鼎互联信息股份有限公司）。

苏州市安防协会三届二次会员大会

（三）协会的宗旨和作用

协会要成为企业与政府联系沟通的纽带、企业与企业合作发展的平台、企业与市场深度融合的舞台，要成为政府的助手、行业的推手、企业的帮手。十年来，苏州市安防协会在市公安局业务指导部门的具体指导下，在广大会员单位的积极支持下，自觉以安防发展高质量为要求，努力构建"以诚信建设为基本，以技防专家为支撑，以技术创新为引擎，以建团体标准为重要目标"的工作体系，勇于开展新实践，更具前瞻性、专业性和规范性地履行职能。积极作为，成果明显，为建设"平安苏州"发挥了重要作用，得到了指导部门、相关部门以及安防协会会员单位的充分肯定。

（四）协会的组织结构

协会为适应苏州市社会发展要求，更好地与社会接轨，为行业服务，采用如下组织结构：

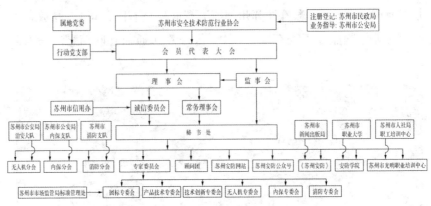

苏州市安防协会组织结构图

1. 会员代表大会

会员代表大会是协会的最高权力机构，每年举行一次。会员代表大会代表了全体会员的意愿与利益，在协会内拥有绝对的权力，协会的其他组织与个人必须服从会员代表大会。会员代表大会具有对协会的章程做出解释和修改的权力，负责对理事会提出的议案、协会的工作报告进行审议表决，负责机构的换届以及人员的任免工作。

2. 理事会和常务理事会

理事会由理事长、副理事长和理事组成，对会员代表大会负责，协会内部的其他部门与个人必须服从理事会的领导。理事会每年召开两次。理事会有权力对协会的重大计划、方案进行审议、表决，对协会成员进行评估、奖惩、任免。理事会下设常务理事会，常务理事会是协会的常务理事机构，在会员代表大会闭会期间主持协会的日常工作。

3. 监事会

监事会是协会常设监察机构，执行监督职能。监事会与常务理事会并立，独立地行使对理事会及整个协会管理的监督权。监事会对协会负责，对协会的运行管理进行全面的监督，包括调查和审查协会的运营状况，向会员代表大会提供报告，对协会各级会员的行为进行监督，并对协会成员的任免提出建议，对协会的计划、决策及其实施进行监督等。

4. 秘书处

秘书处是理事会常设办事机构，实行理事会领导下的秘书长负责制。秘书长主持开展日常工作，秘书处每月召开一次工作会议。秘书处工作职能主要包括：负责协会的日常行政管理工作；负责设施设备、办公用具的采购、登记、保养，保证协会正常的办公秩序；负责协会工作人员的招聘、录用及管理；负责会员管理、联络、信息宣传、服务维权等工作安排，按职责完成工作任务；负责协会工作规划、计划的拟制和各种文件的起草，资料的整理归档，负责本协会印章的使用、管理；负责协调协会内外关系，与政府有关部门、各兄弟协会、社会各界及会员单位联系，进行上传下达，协助会员单位完成各项任务；负责协会各种会议、活动的策划、组织与安排；负责协会的财务管理工作；完成理事会决定和理事长交办的其他任务；负责会员的发展、管理和分支机构的拓展，会费的收取及管理；负责搜集和交流信息，完成协会的宣传工作，编辑出版会刊和重大活动、信息专刊，编辑发布微信公众号，建立协会网站，构筑起相互交流、信息发布、资源共享的平台；负责为会员提供全方位服务，帮助会员排忧解难，掌握了解会员的需求、困难和问题，组织举办专题讲座和培训班；负责聘请顾问团队、技术专家、律师、编辑等。

5. 各专委会

第二部分"协会工作核心的四大委员会"有专题介绍，此处略。

6. 各职能部门

第三部分"协会工作依托的三大宣传平台"及第四部分"协会的分会"有专题介绍，此处略。

二、协会工作核心的四大委员会

苏州市安防协会工作核心的"四大委员会"分别是安防专家委员会、诚信委员会、技术创新委员会、团体标准化委员会，协会依靠四个委员会开展卓有成效的工作。

（一）安防专家委员会

安防专家委员会于2011年4月成立，其实施保障为协会制定的

《苏州市安防协会专家管理及考核办法》。2017年7月,根据形势发展要求又修订为《苏州市安全技术防范行业协会技术委员会专家管理及考核办法》,于同年8月1日起试行。

苏州市安防专家聘任大会

安防专家委员会的宗旨:发挥学科、专业优势,服从服务于公安中心工作,为政府决策服务,为行业科学技术发展服务,为维护社会治安稳定服务,促进苏州市安防行业健康快速发展。

安防协会技术委员会专家(简称安防专家)的职责:协助政府部门制定、修订全市安防行业发展规划、行业相关政策;参与安防工程技术方案评审、竣工验收工作;进行技术咨询、指导;协助开展安防项目的研究和开发,提高安防科技应用水平,推进技术创新;积极推广安防技术和产品,举办各类技术培训、讲座,协助有关部门做好行业资质认证、评定和建立信用制度,协助开展会员单位年度星级诚信评定工作;参与评选苏州市年度优秀、优质工程。

安防专家共分三个类别。

其一,咨询专家。提供政策咨询、产品和技术咨询,提供相关培训、授课,参与相关标准的制定和修订,参与诚信评定,参与新技术推广、交流,进行技术创新和课题研究,接受技防管理部门和安防协会委派开展相关工作。

其二，工程专家。参与安防工程的评审、验收工作，把好安防工程的技术和质量关，接受技防管理部门和安防协会委派开展相关工作。

其三，产品专家。安防主要系统生产厂家专家提供产品技术咨询，参与重大项目的评审、验收，参与标准的制定、修改，对疑似假冒伪劣的产品进行甄别，接受技防管理部门和安防协会委派开展相关工作。

成为安防专家必须具备一定的条件，而且有一套严格的申请程序。安防专家经审核审批报苏州市公安局技防管理部门备案后聘期为两年。

安防专家受委托开展活动，一律持"专家证"上岗，"专家证"不得用于安防协会和技防管理部门委托之外的任何活动。"专家证"每年进行年检。

协会秘书处具体实施对安防专家的考核。考核采取平时考评和年度考评相结合的办法进行，平时考评由每位专家每季度向协会提交一次工作日志，记录日常为安防协会和技防管理部门所做的工作。年度考评一般在每年年底进行，采用评分制，由安防协会和技防管理部门组织考核委员会根据安防专家的职业能力、专业知识、安防技术工作及本年度的表现进行综合测评打分。考核成绩记入安防专家档案。安防协会每年根据考核结果评选一定数量的优秀安防专家，进行表彰和奖励。对年度评优或处罚的安防专家，会在"苏州安防"网站、《苏州安防》、"苏州安防"微信公众号上发布公告。

协会专家管理有一套严格的规章制度，专家委员会成立以来顺利开展了一系列工作，主要有：工程项目的评审和验收，每年有近500次，参与专家1000人次；每年协助政府部门制定、修订全市安防行业发展规划、行业相关政策；协助举办各类技术培训、讲座、新产品推介活动等，每年约6个、参与人员1500多人次；每年组织会员单位和专家参加安博会、考察会等约4次、参与人员200多人次。

安防专家委员会培训

(二) 诚信委员会

诚信委员会于 2015 年 7 月成立,已召开 13 次诚信委员会会议。诚委会成立的主要目的是加强社会信用体系建设,褒扬诚信、惩戒失信,推进苏州安防业诚信建设制度化,营造讲诚信、守信用的舆论环境和经营环境,为"平安苏州、和谐苏州、诚信苏州"多做贡献。其主要工作内容是和技防部门一起进行星级诚信企业的评定,引进第三方征信专业机构;与江苏省征信有限公司和苏州网信工商信用服务有限公司合作评定诚信单位,2016 年首次评定星级诚信企业 71 家。协

星级诚信单位授牌仪式

会与苏州广电总台共同举办评选十佳姑苏诚信安防卫士活动，这是苏州全市行业协会、商会首创，得到市信用办的肯定与好评，成为推荐学习榜样。中安协内部刊物《安防通讯》2015年第7、第8期对此做了连续报道，中安协领导认为此举可在全国安防行业中作为可复制的模式进行推荐推广。

协会以开展会员星级诚信单位评定活动为诚信建设的切入点，在这进程中，主要抓了以下四个环节：

一是制定并不断完善星级诚信单位评定标准。诚信委分别制定出设计施工类、产品以及产品代理类企业在诚实守信方面的星级评定标准。该标准根据国家社会信用体系建设规划纲要（2014—2020年）制定，同时考虑技术层面的硬性规定，注意企业在招投标市场、税务、社保、银行等方面的诚实守信情况，兼顾与衔接苏州市地方政府制定的重合同、守信誉的诚信星级标准评定办法。理事会、诚信委员会多次召开专门会议，广泛听取政府有关部门指导性建议、会员单位意见，反复推敲会员星级诚信单位评定活动的办法与标准，及时修正不完善的地方，不断量化、细化，增加评定活动的可操作性，推动评定活动顺利进行。2017年，在以往两年评定三星、四星级诚信单位的基础上，增加五星级诚信单位的评定。协会还明确三星级诚信单位为今后各类优秀安防企业评选的必要条件。

二是严格审核星级诚信单位申报及复评材料。每年，评定小组对照星级诚信单位评定标准的5章15条近80个小点，认真完成所有首次申报单位、原有诚信单位材料的审阅，参照指导部门技防评审、验收通过率等数据，打分评定，提请公示，最终评出星级诚信单位。2018年度共评出星级诚信单位74家，其中厂商、经销商类19家，设计、施工类52家，检测和培训机构3家；2019年度共评出星级诚信单位79家，其中制造（产品）商12家，经销商7家，集成（设计施工）商59家，检测检验机构1家。

三是不断营造星级诚信评定活动的气氛与声势，广泛、深入发动更多的会员单位积极参与星级诚信单位评定活动。协会通过《苏州安防》、网站、微信公众号等平台，公布评定方法及评定标准，大张旗鼓地反复宣传,帮助更多的会员单位深入了解,积极投入。协会明确规定,会员单位首次申报全部免费,下一年年检和晋级免费,评定费用全部由协会承担。协会每年对获得星级诚信称号的企业举行隆重的授牌仪式,颁发江苏征信和苏州工商网信、协会三家联合认定的铜牌与证书;在省(市)信用办、省征信有限公司官方网站、苏州市工商网站、协会的多个宣传平台和社会媒体公布诚信单位名单;印发苏州安防星级诚信单位通讯录;在"看苏州"APP新闻客户端平台组织评选十佳姑苏安全卫士诚信之星企业。同时,对未参加星级评定的会员单位,开展调研,发动更多的会员单位积极参与评定工作,鼓励已经取得星级诚信企业称号的会员单位进一步加强诚信体系建设,向更高星级迈进。

四是积极取得政府部门及其他专门机构的支持与合作。在开展这一活动中,协会积极主动地向市政府信用办、政法委、公安局技防办等政府有关部门、指导部门汇报,获得肯定和帮助。市政府信用办高度赞扬安防协会开展的诚信建设活动,并全力帮助协会把星级评定成果向市建设局、财政局、交通局推荐,作为企业评估评定加分的依据。协会自行研发的"星级诚信单位评定系统"获得苏州市2017年度财政专项资金项目奖励。同时,协会与苏州网信工商信用服务有限公司和江苏鑫思泰信用服务有限公司签订三年安防诚信共建合作协议书,联合评审、授证授牌,明确"一评双证",即一次申请评定通过,颁发两张证书(一张由三家单位联合颁发并授予铜牌,另一张由江苏鑫思泰征信有限公司单独颁发,目前在试点城市南京、无锡、盐城、宿迁均可加分)。这样不仅可以规避原来单一行业、单一区域对企业评价的局限性,有利于提高企业诚信评定星级的影响力、公信力,还能逐步取得社会更多方面的肯定。

(三)技术创新委员会

技术创新委员会于2017年6月28日成立。协会针对苏州本地以工程类中小型企业为主,科技创新项目申报较少,创新意识有待提高的情况,响应政府"双创"政策号召,于2017年年初开始筹备成立技术创新委员会。协会专门邀请公安部、省、市技术专家和领导召开创新工作座谈会,并在随后组织的三次讨论会上,达成"安防业要实现跨越式发展,驱动技术创新是战略选择,搭建跨界平台、集聚高端要素,推动科技创新在协会的成员间高效组织是方向和形式"的共识。常务理事会讨论审议通过由陈冬根、王坤泉等十人组成的技术创新委员会领导小组,审议通过自荐、推荐相结合形式产生的50多位人员为苏州市安防协会技术创新委员会成员。创新委成立的目的是利用安防协会平台和会员单位人才、科技优势,从技术、管理、服务等多方面开展创新工作,为广大会员企业、政府、社会提供全面、优质、高效的服务。创新委员会成立大会上通过了《苏州市安防协会创新委员会工作职责》,文件对创新项目的来源、范围,对创新项目的管理、创新项目的结题,对创新团队的组建、平台建设、创新成果的应用都做了明确的规定。

技术创新委员会召开创新工作座谈会

技术创新委员会的成立,为企业搭建和拓展了技术创新的平台。创新委通过技术创新发展恳谈会、专题座谈会、技术创新工作会议、"讲座+分享"等会议形式和问卷调查等调研方式,了解当前会员单位在技术创新中的主要优势、制约因素、迫切要求和意见建议等,及时交流沟通技术创新的项目规划和项目实施等基本情况。同时,技术创新专家组成员还积极咨询和汇集国家、省、市、区有关技术创新的鼓励产业产品目录及奖励政策和有关规定等文件,基本理清了技术创新项目报批的条件、材料、顺序等相关手续，积极申报创新项目。目前，已有2项创新项目申报成功。协会和技术创新委员会还在实践中注意不断调整，如改变原来"直接参与科技产品研发"的思路，将重心转移到"帮助企业申报科技创新项目"上，凝聚各会员单位的资源和力量，推动企业间合作，走联合申报的路子。扩充原本单纯技术方面的专业培训与讲座，将金融服务引入行业协会体系，尝试创新服务会员单位的方式，从而更全面地服务会员单位。同时，技术创新委员会每年召开技术创新专题研讨会、座谈会、培训会，使得会员单位的技术创新意识不断提高，在会员单位的技术改造、专利发明数量的上升和获得国家高新企业的会员单位的增加等方面有明显成效。

（四）团体标准化委员会

苏州市安防协会于2016年底开始团体标准化委员会成立的筹备工作，这是协会在同行中先行迈出的重要步伐。协会从战略定位、探索实践、打造协作平台等多个方面全力推进此项工作。成立团体标准化委员会的目的是健康有序地开展安防标准的制定、修订工作，坚持以团体标准化建设为目标，使"标准化+"迈上新台阶。2017年6月28日成立团体标准化委员会，制定了团体标准化委员会章程，明确了团体标准化委员会领导，聘任了来自政府相关部门、科研院所、全国各省市安防协会的60位团体标准化专家，其中有公安部科信局标准化处和公安部一所、三所以及公安部安全与警用电子产品质检中心的领导。团体标准化委员会制定了《苏州市安防协会标准工作管理办法》。2017

安防行业信用等级评价团体标准立项会议

年1月3日在国家标准委全国团体标准信息平台申请注册，2月3日通过审核公示。3月10日常务理事会讨论通过有关团体标准化文件，5月启动委员征集。接着受理苏州科达科技股份有限公司公司提出的《车载视频监控系统通用技术要求》和《小间距LED电子显示屏通用技术要求》两项团体标准议案。

1. 提高大家对团体标准化建设必要性的认识

协会认真学习习近平总书记"标准助推创新发展，标准引领时代进步"的重要指示精神，积极开展国家团体标准化文件的宣传贯彻和省市标准化工作有关政策的介绍，在全国范围内邀请团体标准化专家来苏作"发展团体标准的必要性""团体标准的制定与实施"以及"公共安全标准体系的建立与发展"的专题讲座，从国家战略、经济效益、产品提升、市场规范四个方面认识加快团体标准化建设进程的重要性，使大家明确开展团体标准化建设工作是新形势下国家赋予协会的新的重要职能，责无旁贷；标准化战略已成为提升企业核心竞争力、引领安防产业发展的关键性核心要素。同时，团体标准化委员会制定的《苏州市安全技术防范行业协会标准制修订管理办法》，在国家标准委全国团体标准信息平台申请注册，通过审核公示，并认真完成标委会方案、章程、工作细则的制定，以及各方面专家意见的征集。

2. 积极开展团标制定的探索与实践

团体标准化委员会列出"团体标准制定工作应着力解决哪方面的缺失标准""为引领行业技术发展，建议协会从哪些方面系统地构建团体标准体系""希望协会针对团体标准制修订工作开展哪些交流活动"等问题，向会员征集开展团体标准工作的意见和团标项目。同时，团体标准化委员会在公安和质监标准化部门的大力支持下，组织专门力量、专业人才制定团体标准。2018年8月13日主导完成《警用无人驾驶航空器系统联网管理平台》（含3个部分）的标准制定，并在全国团体标准信息平台发布实施。该项目在中国人民公安大学召开的评审会上，得到相关领导与专家的好评，认为该团体标准中的"通用技术要求、航空器管理接口要求、视频图像信息传输交换控制要求"等三个部分在研发警用无人驾驶航空器系统联网管理平台技术规范中具有引领作用。2020年2月10日主导完成了《视频监控数据安全防护系统技术要求》团体标准的制定，并在全国团体标准信息平台发布实施。2020年6月15日由苏州市安防协会和全国安防协会合作互助联盟联合提出，由苏州市安防协会归口主要起草，由全国48个省市安防协会参与起草的《安全技术防范行业诚信单位等级评价规范》团体标准完成制定，在全国团体标准信息平台发布并实施。此外协会还积极配合公安部科信局标准处，参与《公安标准化发展规划》等标准化文件的讨论工作。

3. 为在苏州搭建一个高规格的安防标准化工作平台做准备

协会面向全国聘请了专家，并联合杭州、南京和南通等兄弟协会，开展安防团体标准建设工作的战略合作，不仅加强了各协会之间有特色的共建合作工作，而且有助于精准把握团体标准的制定方向，催生高端化、高品质的标准供给，为安防业提供更有力的标准化支撑。

三、协会工作依托的三大宣传平台

协会工作依托的三个宣传平台是"苏州安防"网站、《苏州安防》、"苏州安防"微信公众号。

（一）各有特色的三个平台

"苏州安防"网站版面设计新颖，力求每天有更新内容，文章点击率很高，一般都在万次以上；热门文章最高点击数达12460次，《苏州安防》电子版最高日阅读量达170次。安防网络还完成了服务器迁移与域名变更工作，有效保障了运行的稳定。

《苏州安防》有新闻出版处批准的准印号，每季度定期刊出，每期印刷1000份，邮寄近800份。《苏州安防》已成为全国同行业中众口交誉的安防建设参考资料及业内标杆之一。

"苏州安防"微信公众号负责协会日常会议、对外考察交流活动、会员单位的活动与产品推介等报道任务，将服务号和订阅号分开编辑和推送。每周有新内容报道。同时还在今日头条、腾讯、网易、搜狐注册了四个自媒体账号，多条信息被腾讯、搜狐、今日头条转载。

《苏州安防》已出版杂志

苏州市安防协会网站首页

为了办好这三个宣传平台，协会有专门的精干、实干的编辑委员会、编辑部和通讯员队伍。其中有来自业务指导部门、政府有关部门、司法部门、高等学校、新闻媒体、协会专家、会员单位等各方面人员40余人。每年召开四次编委会议，对选题策划、采写编辑、排版设计等方面进行探讨，不断创新，精益求精。经过多年不懈的努力，三个平台成为苏州安防聚智发声的重要载体，不仅传递着苏州安防企业动态发展的最强音，同时也为苏州安防企业鼓劲加油，发挥了独有的推动作用和导向作用。

《苏州安防》编委会召开会议

（二）坚持与时俱进建设三个平台，持续努力再优化

1. 树立"大安防"的理念

现代各种技术的迅猛发展，使得传统安防的概念被不断地打破边界、重构、扩大，协会顺势而为，乘势而上，宣传内容坚持"大安防"的导向，不仅选用紧扣当下安防焦点、热点的题材，还注意选用对安防企业有启发、实用性强的文章，诸如人工智能、大数据等科普类文章；有以技术创新为主旋律的"技术驱动"，也有对老百姓直接指导的"家庭安防"，还有反映不同企业文化、建设亮点特点的"企

业风采",达到高起点与接地气兼得的效果;《境外安防》《安防溯源》等栏目已经成为《苏州安防》的标志性栏目,在业内同类刊物、资料中凸显特色。

2. 坚持深、细、实、优、活的做法

协会始终秉承宣传和服务行业发展的宗旨,努力为广大安防从业者打造精品、提供优质交流平台。在选题策划、采写编辑、排版设计等方面,不断创新,充满活力。例如,《苏州安防》的栏目设置既相对固定,又不断改革;来自政府部门、新闻媒体、安防企业、高等学校、科研院所、相关协会等40余人组成的多样多元的编辑队伍,为宣传内容的丰富性提供有力的保证和高绩效的团队支撑。为进一步提高宣传质量,自2016年起,协会将"优秀通讯员、编辑和优秀文章评选活动"作为每年的"规定动作",至今已有40名优秀通讯员和编辑,50余篇有思想、有高度的文章入选。

3. 贯穿严谨的作风、饱满的热情、多样的呈现形式

仅以《苏州安防》为例,2015年协会主动到苏州市文广部门登记备案,使之成为每年经市文广新局年检批准出版的内部交流资料;编委会坚持"出版前讨论审核,出版后总结评议"制度,严格把控,精益求精,不断提高刊物质量。

协会综合利用平面和网络媒介等多维方式,推行微信发出的协会实时动态,在网站进行两次发布;《苏州安防》登载的部分文章剪辑后通过微信进行第二次传播的"一鱼多吃、综合利用"方式,同频共振,快速地、最大范围地传播苏州安防正能量,达到"1+1+1>3"的效果。

为保证协会的微信公众号信息推送的数量与效果,协会在微信订阅号的基础上,增加微信服务号,这样既能保证"订阅号"每周4条的群发频率,又有"服务号"每月4次的群发信息,即时提醒用户,直接显示在用户对话列表中。

四、协会的分会

"平安苏州"是苏州人民的追求,在这一方面,苏州市安防协会

做出了较大的贡献。

（一）成立无人机分会

为了更好地服务于"平安苏州"建设和会员企业发展，经政府相关部门的指导和建议，于 2018 年 10 月，根据苏州市安防协会章程第一章第五条的规定，协会常务理事会研究决定成立苏州市安全技术防范行业协会无人机分会。无人机分会组织框架采取安防协会现有和新建相结合的方法，设立无人机分会理事会。由昊翔集团昊坤盈联总经理戴金陵首任理事长。

苏州市安防协会无人机分会会标

同时设立无人机分会专家委员会，建立健全专家委员会队伍的管理和考核机制，提高专家队伍对会员企业的服务能力和业务水平。并通过新的机制，适时吸纳政府相关无人机管理人员及高校科研人员加入专家委员会，全面提高专家委员会"智库"对无人机行业发展的把控水平。分会贯彻"从企业中来，到企业中去"的思想，对苏州地区无人机企业做有针对性的调研，深入企业运营一线实地考察企业发展现状，了解最新行业发展方向，为会员企业开展无人机相关业务提供必要的智力支持。分会积极开展"专家进企业活动"，利用专家委员会各自企业的优势，就无人机产业政策、产品、市场渠道、人员资质、飞行技能、行业应用等方向组成专家宣讲团，对有意进入无人机行业发展的会员企业的管理人员和基层员工做有针对性的宣讲、培训等工作。发挥委员会"智库"作用，为即将开展或者有意开展无人机业务的会员企业提供必要的可行性方案和建设性意见。分会重视搭建会员企业合作交流平台，定期举办苏州无人机行业发展论坛，为会员企业间的交流合作牵线搭桥、互通有无。加强媒体宣传，充分利用苏州安防三个宣传平台等媒体渠道，开设专家专栏，有针对性地宣传苏州无人机企业。定期开展航空文化相关的公益活动，宣传相关法律法规，引导苏州无人机生产企业、销售单位、个人兴趣爱好者及无人机驾驶员依法依规开展经营飞行活动。

同时，要求加入无人机分会的单位，若已是安防协会的会员单位并正在进行或者准备进行无人机生产、研发、使用和代理销售的会员企业，填写无人机分会会员登记表；未加入安防协会的会员单位进行无人机生产、研发、使用和代理销售的企业要先加入安防协会，然后填写无人机分会会员登记表。会员单位只缴纳安防协会会费，无须缴纳无人机分会会费。

无人机分会在持续稳定地推进会员发展与服务工作、协助政府部门积极开展无人机相关法律法规的宣传、联合政府有关部门和高校进行无人机相关知识的培训、与苏州航空航模等相关协会建立合作联动机制、制定无人机生产方与消费方的纠纷解决办法等五大方面的工作均有明显进展。由协会首席顾问房余龙主编和协会无人机专家委专家参编的30多万字的《无人机技术与应用》已完稿，将作为苏州市职业大学苏州安防学院的专业选修课教材，于2021年上半年开课使用。

（二）成立内保分会

1. 成立内保分会是推进苏州市企事业单位安防工作系统化、科技化、高效化的现实需要

苏州市安防协会内保分会于2019年12月28日成立。内保分会是企事业单位为了加强单位内部安全防范，保护人身财产安全和公共安全，维护单位的正常工作秩序，充分利用和共享安防协会资源，互助互利，合作共赢，自我提升单位内部安全保卫的科技水平和综合能力，自愿加入的非营利性社会团体的分支机构。

苏州市安防协会内保分会会标

多年来，全市企事业单位安防设施建设快、投入大，对保障安全发挥了不可替代的重要作用。但由于各种原因，也存在着发展不平衡、不完善的问题。人防、物防、技防及其管理制度不配套，企业事业单位普遍感到综合效益不高，在一定程度上限制了安防综合能力的不断提升。企事业单位安防工作的现实状况和发展前景也面临改造升级和

提升综合应用水平的新问题。广大企事业单位,尤其是新兴的民营企事业,面对新时代的发展需求,呼唤着综合安全防范方面的新供给。成立内保分会是根据党中央、国务院关于扶持和促进行业协会参与社会治理的精神,为进一步健全苏州市安全技术防范行业协会的职能体系和服务功能,推进全市企事业单位安全防范综合能力的全面提高,促进"平安苏州"建设,听取了在苏部分高校、银行、医卫等国营和民营企事业单位领导的意见,参照北京市安防协会的做法,获市公安相关部门的支持,依照苏州市民政局有关社团组织管理办法和协会章程而成立的。

提升会员单位综合防控能力是内保分会的服务主旨。在提供安防全方位服务的同时,内保分会更注重帮助会员单位提升综合防控运用管理能力。通过实地考察评估,为会员单位量身定制综合性解决方案;通过制定安防指导标准,从人防、物防、技防及制度管理的紧密结合上提高防范效益,完善安保行为规范,引领会员单位安防创新;根据会员单位发展需要及内部安防状况,开展等级评鉴工作,出具相应公信证明,以提升会员单位安全形象和社会信誉度;开展安防岗位专业培训,提高会员单位安保人员业务水准,对符合条件的安保人员,会同政府人社部门评定职称,推动安保队伍规范化建设。

内保分会是政府与会员单位沟通的桥梁。内保分会将收集会员单位在安防上的利益诉求和权利主张,提出政策和法律建议,传递到政府决策和管理过程中。同时也把政府在安防决策和管理过程中的信息反馈给会员单位,从而强化彼此之间的信任机制,改进政府工作决策和运行机制,促进会员单位自治自律和自我提升。内保分会也是会员单位之间交往联系的纽带,相互交流,学习借鉴,互助互利,合作共赢。内保分会在为政府有关部门依法监督管理提供支撑助力的同时,也将不断拓展和加强对会员单位延伸服务的空间和力度。

内保分会是会员单位的"娘家"。内保分会作为全体会员单位共同利益的代表,把真情服务会员单位作为一切工作的出发点和落脚点,当好娘家人,办好娘家事。分会积极反映会员单位呼声,维护会员单位合法权益;做好与会员单位安防利益诉求相关事宜的协调、协助工作；针对会员单位内部出现的安全隐患、事故和违法犯罪案件或其他疑难问题，协助进行诊断治理，配合帮助排忧解难避灾；为会员单位全面提供政策、法律咨询服务；急会员单位所急，帮会员单位所需，形成多层次、多方面的合作互助关系。

内保分会是会员单位的智囊平台。充分利用协会专家智库资源和积聚会员资源的优势，为会员单位安防出谋划策；组织带领会员单位探索新时代社会主义市场经济条件下企事业单位内部安全防范的新路子；针对企事业单位安防面临的新情况、新问题，组织开展专题调研和考察学习活动，制定处置对策；利用《苏州安防》、网站和公众号等宣传平台，交流推广会员单位安防实践经验，交流研究安防前沿课题；注重对新兴民营中小企业安防的研讨探索，加强面对面辅导服务；开展创新评优升级活动，树立行业先进标杆，带领会员单位安全防控能力整体提升。

2. 内保分会的工作重点

（1）积极稳妥地发展会员队伍，凡在苏州市区地域依法登记注册的企事业单位（含民营企业），有意向的，均可申请加入。

（2）积极征求会员单位的意见，尽可能地帮助会员单位解决需求。把会员单位在安防上的利益诉求和权利主张快速传递到政府决策过程中，同时也把政府部门在安防决策过程中的信息及时反馈给会员单位。

（3）实地考察安防状况，为会员单位量身定制解决方案。

（4）通过制定不同行业内部安防管理等级标准，引领会员单位加强内部安防工作规范化建设和现代化管理。

（5）根据会员单位发展需要及内部安防状况，出具评鉴等级公信证明。

（6）开展安防岗位专业培训，提高会员单位安保人员业务水准。

（7）针对安防出现的新情况、新问题，开展专题调研和考察学习活动，提高会员单位应对能力。

（8）对符合条件的安保人员，会同政府人社部门评定职称，推进安保队伍正规化建设。

（9）充分利用苏州市安全技术防范行业协会的平台及协会专家委员会、技术创新委员会、团体标准化委员会等，为会员单位提供一系列服务。利用会员单位资源、专家智库及专业技能，提供智囊参谋等安防服务；利用协会的共建单位、战略伙伴，提供政策法律咨询、穿针引线等多层次全方位便利；利用《苏州安防》、网站和公众号三个宣传平台，总结推广会员单位安防实践经验，并使之不断创新升级。

（三）筹建消防分会

苏州市安防协会于 2020 年 5 月开始酝酿调研筹建消防分会，6 至 9 月多次召开座谈会，听取各方意见，进一步明确了建立消防分会的目的、宗旨和工作内容，成立了筹备工作组，决定于 2020 年 12 月 28 日庆祝协会成立十周年大会上正式成立消防分会。

苏州市安防协会消防分会会标

苏州市安防协会消防分会是由从事消防安全产品的生产、销售、设计、施工、维护、应用、培训、检测等企事业单位自愿组成的学术性、行业性、非营利性的地方性社会团体。

消防分会成立的目的是致力于促进消防科学技术进步和消防产业发展，为社会消防安全服务，为经济社会发展服务，为构建社会主义和谐社会服务。

消防分会的宗旨：一是做好政府与企事业单位的沟通桥梁作用。二是行业服务作用。提升会员综合实力，让会员单位做好做强，通过制定行业团体标准，提高消防工作实效；健全要害、重点部位消防管理制度，强化制度约束力和执行力，完善消防行业规范；及时传递消防科技动态信息，组织推介先进消防科技产品，引领会员单位消防技术产品创新升级；开展等级评鉴，出具相应公信证明，提升会员单位自身安全形象和社会信誉度；组织消防岗位行业培训，提高专业人员业务水平。三是协调协助作用。积极承担与会员单位消防利益诉求相关事宜的协调、协助工作；针对会员单位出现的疑难问题，协助进行诊断治理，制定应对防范措施；为会员单位全面提供政策、法律和业务咨询服务，切实维护会员单位合法权益。四是智囊平台作用。充分利用行业协会专家智库资源和积聚专业人才资源的优势，为会员单位出谋划策；组织开展专题调研和考察学习活动，制定应对处置策略；利用协会杂志、网站和公众号等宣传平台，传递会员单位工作最新动态信息，探索研究消防前沿问题；通过会员单位例会、案例分析会等形式，总结实践经验和教训，引领工作进步；邀请专家、资深人员等举办专题讲座，向会员单位传授专业知识。

消防分会主要开展以下工作内容：（1）开展消防行业建设和发展状况的调查研究，及时掌握行业发展动态，为政府部门制定行业政策、法规、管理办法及发展规划提出意见和建议。（2）及时掌握并向有关部门反映会员单位的意愿和要求，协调会员关系，维护会员合法权益。（3）制定专业规范，实行行业自律，协调企业纠纷，为行业健康发展创造良好的内部与外部环境。（4）建立企业信用体系，通过行业统计、行业调查，全面掌握业内企业的经营、服务、发展等基本情况，在政府的授权下，发布行业信息，出具公信证明；积极向国家、省市、地区的重点建设项目推荐本行业的信誉企业。（5）积极参与苏州市及与本行业相关的产品、工程、服务等标准的制定与推广，参与有关消防行业团体标准的制定、研究。（6）举办交流、推广、合作会议，组织会员单位参加国内、国际的消防科技会议、展览、讲座，推广国内外先进消防技术、消防产品。（7）为企业积极构建公平、和谐、发展的平台；开展行业评比，促进产业升级与提高。（8）组织行业培训，提高本行业员工素质和全行业质量水平。（9）通过内部刊物、网站和微信公众号，促进行业信息化建设，提高本行业的社会知名度。（10）监督会员单位依法经营。（11）承担法律法规授权、政府部门委托的其他工作。

五、协会的"行动支部"

"行动支部"是指围绕中心工作或群众需求来创新党支部设置和活动方式，具有明确行动方向和行动目标，开展实际行动的基层党支部。苏州市安防协会创新党建,以"行动支部"建设为总抓手,通过组织密集有效的活动,取得了明显成效,努力成为在政治上引领、服务上牵头、资源上统筹的"主心骨"和"领路人"。

(一)与苏州大学体育学院退休党支部联袂活动

苏州市安防协会与苏州大学体育学院退休教职工党支部合影

2018年10月31日,苏州市安防协会和苏州大学体育学院退休党支部在退休党支部书记、安防协会秘书长王坤泉的组织和带领下联袂开展党员活动。安防协会中的副理事长、专家和杂志编辑中的党员和苏州大学体育学院退休教师党员共26位参观了常熟国家高科技开发区、沙家浜革命历史纪念馆,激励着安防协会党员们以实际行动继承革命先烈遗志,不断鞭策自己,在安防事业上做出更大贡献。2019年10月16日,协会行动党支部与苏州大学体育学院退休教工党支部又联合组织"不忘初心,牢记使命"主题教育党日活动。安防协会秘书长王坤泉,苏州大学体育学院党委书记杨清、副书记丁海峰带领大家参观苏州市安防协会会员单位——苏州嗨森无人机科技有限公司,参观吴中区光福镇冲山村北山的苏州市爱国主义教育基地——新四军太湖游击队纪念馆。在王坤泉领誓下,每位党员面向党旗宣誓,"重忆入党经历,重温入党初心"。

(二)安防协会走进非公党建先进企业三意集团开展共建活动

2020年8月18日,苏州市安防协会领导、监事、顾问和会员企业代表一行 10 多人走进协会副理事长单位三意集团，参观考察三意集团党建成果，学习先进经验，助力协会、会员单位党建工作。大家听取三意集团董事长胥德云、三意集团党支部书记李晓霞介绍企业简况与党建工作思路，深受启发。苏州朗捷通智能科技有限公司副总经理兼嘉宝社区党支部书记高伟认为，三意集团的党建工作搞得很有特色，朗捷通的经营理念和三意公司有许多共同地方，今后要加强相互学习。协会秘书长王坤泉表示协会组织到三意集团专门参观考察非公党建工作，是为了引导会员企业学习非公党建先进经验和具体做法，提高会员企业做好非公党建工作的思想认识，更好地推进会员企业的党建工作。新的协会章程中明确增加了党的建设条例，协会要坚持以党建引领各项工作开展，将党建工作与服务和帮助会员企业更好发展、开拓进取相结合，积极开展技术交流、学习培训、牵线搭桥、诚信自律、社会公益等活动，丰富活动内容和形式，不断增强协会的凝聚力和战斗力。

（三）安防协会行动支部每年走访慰问御窑社区困难户

苏州市安防协会秉持服务大众、回报社会的宗旨，每年都走进社区，走访慰问困难户。

苏州市安防协会慰问社区困难户

自 2018 年春节开始，苏州市安防协会秘书长王坤泉连续三个春节带领理事长单位苏州科达股份有限公司，副理事长单位苏州市国泰实业公司、苏州工业园区保安服务有限公司、上海爱谱华顿苏州分公司、上海优周电子科技有限公司的代表，冒着严寒，前去探望当时协会所在地御窑社区的困难户，为困难家庭送去新春的慰问与祝福，号召更多会员单位投身公益事业，积极承担社会责任，利用企业和协会的力量助力"平安苏州、和谐苏州、美丽苏州"建设。

（四）安防协会行动支部走进藏区道孚精准扶贫

苏州市安防协会走进藏区道孚县助力精准扶贫

2019 年，在三意集团董事长胥德云的牵线搭桥下，协会与道孚县签订了三年帮扶协议。2020 年 8 月 4 日至 8 日，苏州市安防协会"不忘初心，牢记使命"团队一行 12 人，在协会秘书长王坤泉的带领下，忍受着酷热的天气和海拔四千多米的强烈高原缺氧反应，走进藏区道孚县，在道孚中学举行了苏州市安防协会精准扶贫藏区道孚县的捐赠仪式，并将 23 个会员单位和 102 位个人捐助的 11.67 万元帮困助学金、16.3 万元安防产品、1400 件学习用品、580 件生活用品，转交给道孚县政府，请他们分发给道孚县最需要的困难学生。

六、协会的服务宗旨

（一）安防协会的服务宗旨

1. 为政府服务，当好政府的助手与参谋

充分发挥政府与企业之间的桥梁和纽带作用，传递政府声音，反映企业诉求；建立行业统计和行业发展报告制度，加强对苏州安防产业发展问题的研究，配合政府加强对行业发展的管理和引导；组织企业积极参与政府"平安城市"的建设，组织专家提供咨询服务，推荐优秀安防产品和工程企业。

2. 为行业服务，促进产业又好又快发展

开展调查研究，做好行业发展规划，促进产业快速健康发展。组织企业加强有关产品、工程行业标准的研究和宣传贯彻工作，有效提高标准化工作服务市场的能力和水平。办好各种论坛和技术交流会，提高这些活动的品质和在国内外的影响力，让参与企业多受益。

3. 为企业服务，提高企业核心竞争力

帮助企业加快科技攻关，积极组织有关科研及产业化推广项目的申报，争取研发资金；组织引导企业加强专利、商标的申请和保护工作，帮助企业尤其是知名品牌做好维权工作；开展技术、设计、施工、管理、法规等培训工作，帮助会员企业提高素质、增强创新能力、改善经营管理；开展相关法律、政策、技术、管理、市场等咨询服务；等等。

4. 为社会服务，推动安防社会化发展

利用社会媒体加强对安防的宣传，使消费者了解安防知识，增强安防意识，正确鉴别和使用安防产品，逐步解决产品信息不对称问题。本着公平、公正的原则向社会推荐行业优秀产品和企业，为用户提供各类信息咨询服务。与有关行业组织联合，推动安防市场应用，解决应用中的实际问题，推动安防社会化发展。

（二）坚持多措并举，真心实意服务会员单位

努力为会员单位办实事，做好事，解难事，是协会一切工作的出发点和落脚点，也是协会工作的一个重要考量。

1. 以新思想、新技术、新实践为推介，引领安防业的新发展

协会连续两年邀请江苏省社科院田伯平研究员为全体会员作题为"当前经济形势与企业应对策略"的报告，解读"中国经济新常态"；邀请中国技术创业协会会长、众创空间协会会长等为全体会员做创新专题讲座，组织参观金鸡湖创业长廊，了解"孵化器"新模式新理念；协会还分别协助科达、海康威视、华为、宇视、天地伟业、河姆渡、慧盾、科佳、冠之林、锐丰、攀星光电、江苏宝华等会员单位进行新技术新产品推介、展示和论坛等活动，为会员单位站台助威，摇旗呐喊；积极配合指导部门，联合百度云，联手各企业与众多行业专家，召开智能光纤安防系统技术讨论以及"人脸识别进新建小区，安防产品进孤老家庭"等专题座谈会，探索企业与科技之间的融合创新、安防业如何以更好的实践方式惠及社会等议题、助力会员企业将商业利益与社会价值有机结合，为企业和社会创造多维价值。协办第十四届中国安防工程商（系统集成商）大会、中国智能建筑和智慧城市行业交流暨高峰论坛、2018第十七届中国苏州电子信息博览会与海峡两岸智慧安防产品技术高峰论坛等；组织会员单位参加北京、深圳、上海、南京、杭州、连云港等地的安防展。

苏州市安防协会组织会员赴外地交流

2. 以新形式积极助推安防从业人员提高整体技能水平

2015年以来，协会针对安防工程新标准、新要求，以及"营改增"的全面实施、招投标法规的修订，配合苏州中小企业培训中心、东吴培训中心、光明职业培训中心和江苏安协联盟，积极助推安防企业资质的评定、法律法规教育等各种培训。协会会同苏州市光明职业培训中心，举办有关安全防范设计安装维护的技术和CAD培训班，内容有安全防范工程各系统的基础技术知识以及最新的规范标准。这种创新探索的"三证合一"培训（即培训考核合格者均可获得苏州市就业培训合格证、苏州市安防技术人员培训合格证和中安协企业技术人员综合能力验证），也是首次采用政府补贴形式的培训。培训考核合格者，免收培训费用（含讲课、教材、笔记本、考试、发证等费用），培训费用分别由协会承担或申请财政补贴。这一举措受到安防企业及从业者的欢迎。

苏州市安防协会举办培训班

协会还专门邀请公安部三所原常务副主任及中安协、中建协智能建筑分会、全国安防标委会TC100、中建装饰装修协会、苏州市安防协会团标委特聘专家牟晓生，全国安防标委会委员暨实体防护分技委副秘书长、公安部视频安防专家、上海安防标委会副秘书长、苏州市安防协会团标委特聘专家刘晓新，上海市报警协会理事长孙廷华，上海市公安专科学校高级兼职教官、《中国公共安全》杂志编委、上海市建设工程评标专家孙国强，苏州市相关部门专家为协会专家进行技防工程的设计方案评审和工程竣工验收的培训，使协会专家进一步了解安防行业的最新动态，掌握安防行业的最新标准。

3. 把服务落实到具体工作中

协会的宗旨就是为会员服务，协会为会员单位免费提供如下项目：

组织会员单位技术人员参加技术培训；

组织会员单位参加上海、杭州、南京等地各类安防展；

承担中安协能力评价的初审工作；

协助会员单位召开新品推介会；

在协会的杂志、网站和微信公众号上宣传会员企业；

帮助会员单位参加中国安防评奖活动；

组织会员单位参加省市专业培训机构的企业税务新政和民营企业管理培训等；

帮助会员企业去苏州市职业大学、苏州建设交通高等职业技术学校等高校招聘人员；

组织会员单位参加星级诚信评定活动。

协会还通过建立的各类微信群（常务理事群、理事群、会员群、专家群、编辑群、诚信委员群、创新委员群、团标委员群）进行工作布置、信息沟通，为提供相互学习、技术交流、合作发展等更多服务打通渠道。

（三）以新思路努力拓展多种合作共建形式

协会坚持"开放成为必由之路，共享成为根本目的"的服务会员单位的新发展理念，为高质量发展聚智合力，从 2015 年 9 月 18 日开始，就与苏州大学传媒学院签订了共建合作关系；继而不断加大跨区域、跨行业的交流合作力度，分别与苏州市职业大学、苏州建设交通高等职业技术学校，与青海、新疆、甘肃、常州、西安、杭州、台湾中华、南京、南通、沧州等10个兄弟省市安防协会，苏州工商网信有限公司、江苏省征信有限公司2个信用机构，光电缆协会，众创空间协会，吴中区女企业家协会，以及相城区御窑社区、苏州高新区狮山横塘街道经贸商贸区、苏州广电总台、中国安防展览网签订友好合作协议。协会与友好合作共建单位发挥各自优势，相互借力，联合创新，做强合作共建开放平台的打造工作，在协会诚信建设、文化软实力建设、创新工作、参与慈善活动以及提升协会会员单位形象等方面取得明显成效。在这过程中，协会还积极创建新内容、新特点的共建模式，诸如协会与苏州市职业大学共建安防学院，实行培养安防人才定制式、灵活性的机制。安防学院准备以与协会会员单位形成"一企一方案"的具体合作方式成立相关的工作室、中心，推动双方产学研实际化运作，加快科研成果转化步伐，在更深更广的维度实现合作共赢。2020年5月，协会在这方面又有重磅之举，与苏州高新区狮山商务创新区（筹）正式建立合作共建关系，协会理事长单位苏州科达科技股份有限公司与狮山商务创新区（筹）签约成立大数据研究中心，联手开发"狮山云"智慧平台，开展人工智能、大数据应用、云计算等先进技术在基层社会治理创新方面的探索研究，合力打造市级、省级乃至国家级市域社会治理现代化的高新样板；同时，协会受苏州高新区领导

苏州市安防协会与高新区狮山商务区（筹）建立合作共建关系

邀请，正式搬迁至高新区狮山横塘街道市民服务大厦。高新区免费提供办公用房和会议用房等场所，为协会开展工作创造高效优质的政务环境。双方发挥各自优势，积极打造最优产业生态和创业生态，为企业发展提供精准服务，助力安防产业做大做强。

（四）以新姿态加强对外学习交流，扩大苏州安防业影响

协会努力创造机会，撮合各种形式的学习交流，分别与青海、新疆、甘肃、广西、安徽、内蒙古、福建、贵州、辽宁、陕西、上海、深圳、西安、杭州、泉州、宁德、阳泉、成都、南京、常州、扬州、南通、连云港、镇江、沧州等省市安防协会开展学习交流活动。协会积极响应中安协、全国安协城市联盟、江苏安协联盟的倡议，积极参加中安协、全国安协城市联盟、江苏安协联盟的各项活动。下面仅以近几年组织、推荐会员单位参加全国安防行业的评奖活动为例。

2017年，在全国首届"中国安防百强工程商""2017年江苏省百家优秀安防企业"活动的评选中，江苏鸿信系统集成有限公司等7家单位荣登"2016年度中国安防百强工程商"榜单，获奖数居全国地级市安防协会推荐获奖数之首；苏州科达股份科技有限公司等19家企业荣膺2017年江苏省百家优秀安防企业，并有3家企业在"新亚欧大陆桥安全走廊国际执法合作论坛"上介绍自己的企业和产品。2018年，在"中国安防大数据发展高峰论坛暨第二届全国安防行业颁奖盛典"上，苏州科达科技股份有限公司荣获视频监控类十大品牌奖，苏州工业园区科佳自动化有限公司荣获周边器材类十大品牌奖，苏州朝阳智能科技股份有限公司、江苏国贸酝领智能科技股份有限公司等多家单位荣获"中国安防百强工程（集成）商"称号，苏州国泰实业公司、苏州荣诚建筑安装有限公司、苏州嘉华计算机系统工程有限公司、苏州金脑袋智能系统工程有限公司、江苏三意楼宇科技股份有限公司5家单位荣获中国安防地区优质工程（集成）商称号，苏州朝阳智能科技股份有限公司董事长王酉春、江苏三意楼宇科技股份有限公司董事长胥德云等企业家荣获"2017年度中国安防新锐领袖"称号。协会秘书长王坤泉在中国公共安全杂志社主办的第五届中国安防杰出贡献奖评选活动中获得第五届中国安防杰出贡献奖。

2018年，在第二届中国安防大数据发展高峰论坛暨2018年度安防行业颁奖盛典上，苏州科达科技股份有限公司等14家产品商会员企业荣获视频监控、防盗报警、智能楼宇、传输设备、人工智能、平台软件、周边器材等7个类目的"第九届2018中国安防十大品牌"奖，江苏三意楼宇科技股份有限公司等3家会员企业荣获"2018年度中国安防创新品牌"奖，江苏中科智能系统有限公司等7家会员企业分别荣获"第三届中国安防百强工程（集成）商"和"第三届中国安防地区优质工程（集成）商"称号，秘书长王坤泉获"2018中国安防年度人物"荣誉称号，苏州嘉华计算机系统工程有限公司副总经理、协会技防专家委主任朱雨真获"2018中国安防年度人物提名"荣誉称号。

苏州市安防协会参加全国安防协会的评奖活动

2019年，在中国安防工程商、集成商、报警运营商年度峰会上，协会副理事长单位中亿丰科技有限公司、江苏三意楼宇科技股份有限公司及理事单位苏州朗捷通智能科技有限公司作为中国安防工程商联盟筹备大会首批10家发起单位获荣誉证书，协会副理事长江苏云航信智能科技有限公司联合创始人席文兆、协会理事苏州信颐系统集成有限公司总经理朱利民、协会理事苏州明均信息系统工程有限公司副总经理黄振获"中国安防工程建设突出贡献奖"荣誉称号。2019第四届中国智慧城市互联网广州峰会上，秘书长王坤泉获得"中国智慧城市杰出贡献人物"奖。秘书长王坤泉应邀在2020年1月9日全国安防协会联盟会议上做协会工作经验介绍，又在2020年4月19日全国安防行业团体标准建设论坛上做了交流发言。

2020年，在"中国安防行业颁奖盛典暨第三届中国安防大数据发展高峰论坛"上，苏州朗捷通智能科技有限公司、江苏瀚远科技股份有限公司、苏州朝阳智能科技股份有限公司、江苏中科智能系统有限公司、江苏国贸酝领智能科技股份有限公司、江苏三意楼宇科技股份有限公司获得中国安防百强工程商奖；苏州嘉华计算机系统工程有限公司、苏州金螳螂怡和科技有限公司、苏州金脑袋智能系统工程有限公司、苏州亚冠信息科技有限公司、苏州嘉璟智能科技有限公司、同心智能科技有限公司获得中国安防地区优质工程商奖；苏州科达科技股份有限公司获得视频产品类中国安防十大品牌奖；苏州工业园区科佳自动化有限公司获得防雷器类中国安防十大品牌奖。江苏国贸酝领智能科技股份有限公司董事长陈宏庆获得安防年度人物提名奖；苏州嘉华计算机系统工程有限公司副总经理朱雨真、江苏三意楼宇科技股份有限公司胥德云获得安防年度人物奖；同心智能科技有限公司总经理陆志群、苏州朝阳智能科技股份有限公司总经理俞国青、江苏隆达智能科技有限公司刘东亮获得安防新锐领袖奖。

七、协会的制度建设

协会成立以来，十分注重各项制度建设，目前已取得了理想的成绩。

（一）建立健全协会各项规章制度

根据协会章程规定，协会逐步建立了《常务理事会制度》《理事会制度》《会员大会制度》《秘书处工作制度》《监事会制度》《财务管理制度》等规章制度，有效地规范了协会各项工作。

1. 充分发挥理事长、副理事长单位的牵头作用

建立常务理事微信群,由副理事长、业务指导部门、监事和秘书长等参加;建立常务理事会季度例会制度,汇报交流本季度工作情况,研究制定下季度的工作计划;根据需要,常务理事例会还特邀部分政府部门领导、理事、会员单位领导列席,加强了与会员单位的沟通和联系。

2. 积极发展会员

协会不断吸收符合条件的安防企业为会员,扩大在行业内的覆盖面,对新申请加入协会的单位,除走访了解、实地考察、理事会审核通过外,还指定1家理事单位作为今后加强点对点联系的单位。

(二)建立相关行业制度

1. 协助制定相关行业标准等

协会协助公安业务指导部门制定了《安全技术防范系统项目评审流程》(试行)、《设计方案评审意见书》等,进一步规范设计方案的文本格式、编制要求、技术标准等,使项目评审真正做到公平、公正、有据可依。协会组织专家起草了《苏州市住宅小区安全技术防范系统要求》,根据国家、省有关规定,结合苏州市的实际,对住宅小区的技防系统,制定相应的技术规范和质量标准。该标准先后六次进行讨论、修改,目前已基本形成,进一步完善后将与政府有关部门协调实施。

2. 积极推进社会治安技术防范地方标准的立法进程

2012年6月,市人大法工委、市政府法制办《关于征集苏州市2012年地方立法项目建议的公告》发布后,协会召开常务理事会进行专题研讨,并于8月初向市政府法制办正式递送了《关于将苏州市社会治安技术防范管理规定列入2012年地方规章立法的建议》。9月,市政府法制办专门召集市公安局、协会等有关部门,就《苏州市社会治安安全技术防范管理规定》的立法项目进行了论证调研,在安防行业的立法工作上迈出了可喜的一步。

3. 自行研发"苏州市技防工程信息化管理系统"

受协会委托,苏州天华网络技术有限公司研发了"技防工程信息化管理系统"。该系统是一套信息存储安全稳定、操作使用简单方便、集多功能于一体的多用户协作的业务系统。该系统的建成,一方面有

助于管理部门规范管理，体现公开、公平、公正原则，另一方面可以降低设计、施工单位的成本，便于方案材料的存储、查询、统计以及数据共享。目前该系统已广泛应用。

八、协会的自身建设

打铁还须自身硬，苏州市安防协会提升管理水平有实效。新形势下的协会建设，要求不同以往，为此，协会作了如下几方面的努力。

（一）不断完善内部监督制约机制

协会经市民政部门社会组织的评估，圆满通过4A等级的复查。同时，为了进一步规范各项管理，达到社会组织5A等级要求，协会已认真修改章程，加入相关内容，建立党组织，成立监事会，制定监事会工作条例，并在二届四次会员大会通过。

（二）不断强化政府有关部门在工作中的指导作用

协会秉承与公安业务主导部门"脱钩不脱管，脱钩不脱责"的原则，主动争取公安技防部门的业务指导，积极宣传政府相关部门的政策，及时汇报工作动态，保证每次常务理事会的主要内容通过协会的三个宣传平台，传递到指导部门和每个会员单位，让指导部门和会员单位及时了解行业的动态、意见、建议等，有利于接受指导部门的指导，有利于会议决定的贯彻落实和检查督促。这些举措得到指导部门的高度肯定和会员单位的欢迎。协会每次召开常务理事会、诚信委会等重要会议，都专门邀请指导部门和相关政府部门领导参加，听取政府部门对协会的意见和要求，不断强化政府部门在其工作中的指导作用。

（三）不断畅通渠道、加强管理、壮大规模

协会现有理事长、理事、会员、安防专家、编辑部、编辑、通讯员、诚信委员、创新专家、团标专家等十多个微信群，协会严格加强对这些群的管理，使它们在交流沟通、学习讨论、宣传教育、会议通知、工作指导等方面充分发挥重要作用。同时，协会理事长、秘书长经常走访会员单位，主动听取大家对协会工作的意见和建议，及时改进工作中的问题，强化服务意识，倡导普惠服务和精准服务，努力为会员单位解决困难,不断增强协会在行业中的凝聚力和影响力。协会常务理事会、理事会、专家会、诚信工作会、团标工作会、技术创新会、编辑会每次都会选择在不同的会员单位召开。

九、协会携手全体会员抗疫

2020年春,面对突如其来的疫情,协会反应迅速,行动果断,携手会员共同抗击疫情。

(一)紧急动员,众志防"疫"

2月2日,协会就对全体会员单位发出《同舟共济,众志成城,全力做好防控新型冠状病毒疫情工作倡议书》,及时公布线上办公的联系方式,并发出"抗击疫情,协会在行动"专题征稿启事,从2月7日开始至2月26日,连续16次在协会微信公众号和网站上特别报道会员单位在抗击疫情中所做的爱心举措、发挥的作用,鼓舞士气。2020年第一期《苏州安防》,特地在《境外安防》与《安防溯源》栏目组织了有关国内外抗疫的稿源。

苏州市安防协会在抗击新冠肺炎疫情中的爱心举措

（二）捐钱援物，保障战"疫"

疫情暴发后，在医用口罩、防护服等医疗物资急缺的情况下，协会副理事长单位江苏新亿迪、苏州中亿丰科技、金螳螂集团、朗捷通、三意楼宇，理事单位苏州工业园区科佳自动化、江苏国贸酝领等单位，协会秘书长王坤泉、协会副理事长单位苏州中亿丰科技有限公司董事长王安立、协会副理事长单位朝阳智能科技有限公司董事长王酉春等个人几乎都是闻"疫情"而动，想尽办法筹物、捐款，全力以赴支援抗疫。

（三）云端服务，全民抗"疫"

疫情期间，苏州安防数字化技术应用按下了"快进键"，成为抗疫的利器。为使疫情期间"停课不停学"，苏州科达科技股份有限公司紧急组织研发团队，开发出快速投入使用的直播授课云平台，供高校及中小学校率先进行远程授课教学，最大限度地减少疫情对学生学习和教师教学的影响，平台深受学生、老师的欢迎；科达科技股份有限公司还采用先进的网络视音频技术，解决远程提讯问题，使办案人员不需要与羁押人员见面，即可开展远程讯问；杭州海康威视数字技术股份有限公司助力企业"在家办公"模式，免费提供云视频会议服务；华为技术有限公司提供华为云 WeLink "健康打卡"，向所有企业和组织免费开放。协会监事长及共建单位益友天元律师事务所还推出"疫情下苏州企业用工十大典型问题"等一系列疫情下企业合规管理、重建提升和有序复工的微课，助力企业有序复工。

（四）智能监测，科学防"疫"

天创科技有限公司网络安全骨干力量，以最快速的行动、最严格的标准为抗击疫情指挥中心、姑苏区政府、高新区政府做好网络安全保障；三意楼宇争分夺秒完工新型冠状病毒性肺炎疫情（社区）智慧物业预警平台建设，配合做好昆山高新区疫情防控工作；2月4日，中国移动苏州分公司临时攻坚党员小组，仅用18个小时，就快速完成苏州市第五人民医院的部分病房及发热门诊的5G室内覆盖，比正常工期缩短了四五个工作日，高速率、低延时、大带宽的5G网络助力医院的智能巡房、远程诊疗等，并相继在全市政府部门、各医疗定点医院、隔离点等开通 5G 基站近 300 个；科达科技股份有限公司通过视频会议、远程会诊等视频信息化手段，先后为全国 8 个省份、数十个地市的卫健委、医院、疾控中心提供保障服务。同时，海康威视、英飞拓、苏州展亚、联通江苏省分公司、苏州信颐、中科智能、新亿迪、大华等单位从研发、生产到供应链，不同层面地为机场、火车站、地铁站、码头、学校、医院、超市、园林、景区等公共场所提供快速精准的体温筛查和数据记录检测系统，苏州昊翔集团、嗨森无人机科技有限公司更是利用空中优势开展"喊话宣传防疫知识""高空喷洒消杀"等工作，在织密疫情防控的"天罗地网"中，发挥重要作用。

十、走向未来

十年来，苏州安防人用行动和智慧谱写了一曲辉煌的乐章，苏州市安防协会的工作也得到中国安防协会理事长王彦吉的高度评价，得到兄弟省市同行的极力推崇。中国安防协会主办的《安防通讯》多次登载苏州市安防协会的来稿。苏州市安防协会也是全国城市安防协会联盟和江苏省安防协会联盟的理事单位，2013 年 2 月被评为 4A 级社会组织，2017 年上半年顺利通过四年复评，2018 年江苏省物价局组织的全省重点抽查行业协会、商会在收费价格等有关问题的检查工作中，苏州安防协会的工作得到肯定与好评。2020 年 6 月 30 日，协会参加由苏州市教育局批准成立的苏州市人工智能职教集团，并被推荐为副理事长单位。

苏州市安防协会以习近平同志"在危机中育新机、于变局中开新局"的重要讲话精神为指引，以党建为统领，以创建 5A 级社会组织为目标，为加快推进苏州安防探索性、创新性、引领性高质量发展，努力做好各项工作，立足苏州，服务苏州，为"平安苏州""平安中国"建设贡献智慧和力量！

群英风采

行业领跑者　协会建设人

陈冬根

苏州市安防协会理事长
苏州科达科技股份有限公司董事长

2015年，苏州市安全技术防范行业协会举行了第二届理事会换届选举大会，苏州科达科技股份有限公司（以下简称"科达"）当选为第二届理事会理事长单位，作为科达的董事长，陈冬根先生当选为第二届理事会理事长。

苏州市安防协会成立于2010年，协会设理事长单位1家、副理事长单位9家、理事单位19家，会员单位主要从事安全防范产品研发与生产销售、安全防范工程设计与安装、报警运营服务、安全防范系统管理等工作。自成立以来，苏州市安防协会积极开展安防行业建设和发展状况的调查研究，及时掌握行业发展动态，为政府部门制定行业政策、法规、管理办法及发展规划提出意见和建议；制定行业规范，实行行业自律，协调企业纠纷，为行业健康发展创造良好的内部与外部环境；参与苏州市及与本行业相关的产品、工程、服务等标准的制定与推广；协助政府职能部门开展安防系统工程的论证、评估、审核、验收等活动；组织行业培训，提高本行业员工素质和全行业质量水平等。

一、行业领跑者：创新需要技术的积累

陈冬根当选第二届理事会理事长，是与他带领科达在行业中取得领军地位的成绩、科达在行业内的创造力和影响力分不开的。在20多年的发展中，科达推动了视频科技的进步，也用这些成果展现了科达的社会价值。

被问及科达近些年来的成绩，陈冬根稍作回忆，然后在纸上罗列出了几个时间点：2005年、2008年、2009年、2010年、2012年、2013年、2014年、2015年。接着他向我们作了详细介绍：2008年，科达为南方雪灾提供视频通信、突发事件保障，并为奥运会搭建视频会议系统，提供现场应急指挥保障；2009年，科达为60周年国庆庆典提供安全保障，并为"7·5"事件提供视频通信、应急指挥保障；2010年，科达为上海世博会提供各项通信保障服务；2012年，科达为党的十八大顺利召开提供会务保障；2013年雅安地震中，科达提供远程医疗系统，实现远程多方会诊，并提供高清监控系统保障亚青会安全；2014年，科达为青奥会提供视频会议安全会务保障；2015年，科达为世乒赛提供监控与视频会议服务；2005—2015年，科达连续十年守护博鳌亚洲论坛，连续多年为"两会"警卫组组建信息通信网。以第53届世界乒乓球锦标赛为例：2015年4月26日至5月3日，第53届世乒赛在苏州举行。4月22日，科达的技术团队早早就位，为世乒赛的保障工作提供安保与通信技术支持。在赛前几天，根据公安部门的临时需求，世乒赛举办的场馆——苏州国际博览中心内紧急增加一批高清枪机、球机与车载摄像机，以保障场馆各个角落更细致的监控覆盖。连续几天时间，科达技术小组检查了部署于园区的每一部监控前端，确认它们是否正常响应，平台对接是否顺畅稳定，部署的科达视频会议系统中的会议终端、摄像头、显示设备、音频系统是否处于正常运行状态。

为什么科达的产品能持续不断地在诸多重大场合受到青睐？在介绍科达公司一步步的历程中，陈冬根多次提到了"创新"这个词，他说："作为技术型的企业，产品的生命周期短、同类产品比较普遍是

我们不可避免的两个难题。要想脱颖而出，就要创新。创新就是不断开发产品的过程，在研发时把创新点做足、做深。"聊到此处，陈冬根又停下沉思了一会儿，"但是，创新不仅仅是口头上喊喊，也不是天马行空的胡思乱想。想要创新，就必须要有技术的积累，要建立在对未来产品和前沿技术的消化的基础上去合理发挥。"他告诉我们，对于公司的员工，他更注重他们基础技术的学习、消化和积累。公司在2005年成立了一个智能团队，主要就是针对同质化产品的问题做创新研发，这个智能团队有着非常高的技术门槛，因此也对员工有了更高的要求。

作为一家上市公司的董事长，陈冬根十分朴素和务实。在采访中，不善言辞的他谈得最多的是企业应该如何重视研发，而当记者问及这些年科达获得的荣誉时，他却低调地回答没什么。但事实上，记者在公司的宣传资料上看到，历年来科达获得了不少荣誉和奖章。以近几年为例：2011年，科达荣获太平洋安防网"最受欢迎安防品牌""年度安防行业十大杰出贡献企业"荣誉，荣获《通信世界周刊》"2011视频云计算奖"，荣获"赛迪视频会议最佳企业奖"、投影时代"视频通信优秀品牌奖"、慧聪安防"中国安防行业十大领先品牌"，被中国数字视听网评为"视频会议十大卓越品牌"，被中国信息协会评为"2011中国应急管理信息化技术创新奖"，被中国公共安全评为"金鼎奖""中国安防十大最具影响力品牌""中国安防十大新锐产品""平安城市建设推荐品牌"，被安全自动化评为"中国安防十大品牌"。

2012年，荣获太平洋安防网"十大创新企业"荣誉，荣获中安协"平安城市建设推荐品牌"、中国公共安全"2012中国安防百强"……

据了解，作为高新区土生土长的民营企业，科达的发展也得到了高新区政府的鼎力支持。每年高新区政府都会向苏州市科技局为科达争取三四十万元科研基金。"地方政府给了科达那么多支持和帮助，我们团队又那么优秀，没有理由不把企业做好。"陈冬根说。

二、企业发展："交换机"起步创业二十载

谈到公司的创立，陈冬根董事长告诉我们，科达是一家脱胎于国有控股厂的民营转制企业，前身是苏州有线电一厂的一个研发部门。1995年，在一片鞭炮声中，科达悄然成立。当时，三网融合的概念刚刚兴起，科达顺应产业发展趋势，推出公司第一代产品——综合复用设备。这款设备奠定了科达一直延续至今的技术基因和行业基础。

如今，公司已经从最初的40多名员工发展到了几千人的规模，并在全国各省都设立了分支机构。公司产品及解决方案涵盖视频会议、视频监控两大领域，广泛应用于政府和企业。公司凭借视讯产品占据行业半壁江山的骄人业绩，登上了国内视讯行业"龙头老大"的宝座。2005年7月，公司在新加坡成功上市，成为中国第一家以视讯产品为主营业务的海外上市公司；同时，它也是苏州高新区孵化器毕业企业中第一家实现海外上市的企业。

陈冬根觉得，正是不断创新的产品与解决方案为科达赢得了200多个行业的信赖，是科达专业的技术确立了公司在多个行业的领先地位。他举了几个事例：在法院，科达的产品覆盖全国17个省高院；在检察院，最高检察院、全国25个省检察院以及2000多个基层检察院选择科达产品；在交通领域，科达在全国拥有500多个智能交通案例；在教育领域，全国近百所高校选择科达产品，东南大学近300间录播教室部署科达教育录播解决方案，甘肃全省近15000个考场部署科达网上巡考系统；在公安领域，科达承建了600多个"平安城市"项目；在能源领域中，石化河南分公司300多个加油站约6000个监控点部署科达加油站监控解决方案；在金融领域，阳光保险2000多个分支机构使用科达云视讯业务；在海外，日本上百家弹珠游戏厅部署了科达网络视频录像机。陈冬根说，科达的目标就是推动现代通信方式的进步，让沟通变得更精彩。

企业发展从小到大，从弱变强，创新是一条贯穿主线，陈冬根对此深有同感，他说："公司的前身是一家做交换机产品的国企，1995年，我接手公司以后对研发投入了很多。当时，三网融合的概念刚刚兴起，我们顺应产业发展趋势，推出公司第一代产品：综合复用设备。"这款设备奠定了科达一直延续至今的技术基因和行业基础。陈冬根说："目前总计有2000多名专业技术人员从事产品研发工作。"公司在成立初期就在上海成立研发部门，至今已发展成为2000多人的团队，和营销部门并列成为公司最重要的两大部门。软件研发在上海研发中心，硬件研发在苏州研发中心。

"2001年年底，我们公司了解到视频会议作为一种新兴的通信手段，逐渐从当时的邮电部门向政府和市场延伸，市场上对视频会议产品的需求量很大，而国内生产视频会议的厂家还不多。在此背景下，我便决定介入这一领域。"于是，公司在上海成立了研究所——上海视讯研发中心，专门开发视频会议产品。上海研究所成为科达除在苏州以外的第二个研发中心，也是国内第一个专业视讯研究机构。"公司从2001年开始做视频会议，对图像的采集、压缩等相关技术掌握很成熟了。到2004年的时候，视频通信的另一领域——视频监控，正在经历着一场数字化的浪潮，网络化监控崭露头角。我认为监控、安防这一领域有巨大的发展潜力，所以，2004年，公司基于网络通信和视频会议两个领域的技术积累，推出了国内第一代网络视频监控系统。"他表示，科达正在成为推动中国视频监控网络化变革的中坚力量。

目前，科达的办事处遍布全国各省，还在新加坡设立了海外办事处。科达已成为视频会议和视频监控两大领域最具有影响力的代表品牌之一：视频会议位居国内品牌第一，视频监控名列行业第三。谈及创新的驱动机制对企业发展的突出作用，陈董事长说："创新是科达20多年的成长原液，基于不断演进的技术投入，科达推出了一代又一代引领行业发展的创新产品。"2002年，科达推出了第一款视频会议产品，采用了当时最先进的MPEG-4视频编码技术，将视频会议的清晰度从VCD时代迈向了DVD时代。2004年，科达推出第一代视频监控系统，首创了全网络化的监控管理平台，成为后来整个安防业向网络化时代发展的样本。2007年，科达推出了业内第一套基于互联网的视频会议系统，开启了视频会议在中小企业市场普及的序幕。2011年，科达推出的云视讯系统，首次将云计算技术引入视频会议，以共有云、私有云的创新应用开创了视频会议全新的商业模式。2012年，科达推出了最适合中国用户的高端视频会议系统——NexVision网呈。这套系统在提供融入式沟通体验的同时，首次实现了中国会议文化与创新科技的完美融合。2013年，科达将云计算和大数据技术引入视频监控，为公安、交通、司法、零售等行业的海量视频存储、分析和应用提供了最佳解决之道。2014年，科达重磅推出了一个全新的摄像机品类——感知型摄像机。它重新定义了智能摄像机，开启了视频监控与大数据之间的大门。具有感知能力的前端，结合云计算和大数据应用，预示着视频监控正在进入一个全新的时代。

陈冬根说："科达每年的基本研发投资超过营收规模的20%，如此高的研发投入即使在国际级的大型技术企业中也处于领先地位。正是科达良好的研发传统和鼓励创新的企业文化，激励着每一个团队不断创新技术。"他说，科达的竞争优势就在创新上，通过持续的创新，科达为客户提供了最符合客户需求的产品。他认为科达的定位更多的是研发和为客户提供必需的优秀的技术和产品。

三、协会建设：营造有序生态，促进行业自律

谈及协会的发展，一方面，陈冬根理事长分析了当前行业中的现状，他说："不仅仅是我们安防行业，整个社会中存在着一种'同行是冤家'的心态。这种不良的心态不仅造成同行之间的恶性竞争，还引发了例如超低价中标、偷换劣质材料等诸多问题。这样的行为严重损害了整个行业的信誉。""因此，我们安防协会的主要任务就是把大家召集在一起，建立一种有序的行业生态环境来抵制不良竞争、恶性竞争，使整个安防行业能够理性竞争、公平竞争。因此，协会设立了诚信委员会来规范行业秩序。"

另一方面，他认为协会做得好了以后，行业最新的技术和产品能够以最快的速度到达客户手里。目前，很多客户与企业之间有隔阂，因为不了解，所以很多最新的技术和服务不能很快地让客户享受到。客户花了钱，却享受不到相匹配的服务，这对安防整个行业的健康发展也是不利的。讲到这里，陈冬根打了个比方："例如建立一个监控系统，一千个摄像头就需要布一千根线。行业中技术领先的企业已经可以做到单线控制，但可能因为销售工作不全面就被埋没了。如果有权威性的行业协会主动做一些活动来推荐先进的技术产品，就能拉通这条线，让新技术落地。"

2015年8月，苏州市安防协会在董事长陈冬根的带领下成立了诚信委员会,这也是苏州首家设立诚信委员会的行业组织。陈冬根说,诚信委员会作为协会新设立的分支机构,其主要任务就是加强社会信用体系建设,褒扬诚信、惩戒失信,由此来推进苏州安防业诚信建设制度化,营造讲诚实、守信用的舆论环境和经营环境,建立行业自律的新体系。接着,他介绍了诚信委员会的具体工作:将信用信息采集融入注册登记、资质审核、政府采购、会员评比、项目招聘、工程管理、评审验收、产品生产、售后服务、日常监管等各个环节;大力发掘、宣传安防行业诚信人物、诚信企业、诚信群体,发挥先进模范作用;结合安防行业业务和生产经营实际,组织开展诚信主题实践活动;积极梳理安防行业中的诚信热点问题、行业成员普遍关注的失信败德行为;等等。

结语:寄语大学生

问:科达需要哪些方面的人才?

答:我们需要面向计算机、通信、数学、物理等专业的大学生,一般应聘成功的学生需要2~3年的学习、锻炼才能真正独当一面。

问:当前大学生在哪方面需要提升自己?

答:不管是就业还是创业,现在的年轻人,激情是有了,但是很大一部分做不到沉下心来。大学生要成才就不能浮躁。知识是死的，方法是活的。学生在学校，除了学好必备的基础知识之外，最关键的是要形成学习的方法和思维，需要脚踏实地打好基础，所学知识不仅要广，更要精深。

问：大学生在学校里学习的知识能否应用到实际工作中？

答：当前大学的教育仍以灌输式为主，这种方式培养出来的人才和社会、企业对人才的需求还存在一定偏差，许多学生来到企业中都需要重新学习、实践。

问：您对公司的青年有哪些寄语？

答：青年员工要认识到，一门知识、一项技术从会到熟练，需要很长一段过程，"知道"与"专家"之间还有很长一段距离。技术的创新需要他们有扎实的基础，公司的发展需要他们的活力！

（执笔人：吴 卉）

一位讲政治、重感情、有爱心的企业家

陈建

苏州市安防协会副理事长
苏州金诚科技有限公司董事长

一个人一生做好一件事难，同时做好几件事更难。苏州金诚科技有限公司董事长陈建以其独特的人生信念，铸就了多样的精彩人生。

陈建，苏州市吴中区人，中国共产党党员，曾先后在国企单位、机关工作过，年轻时当过共青团书记，做过人事、经济工作等，担任过苏州吴县冶金机械电子工业总公司副总经理一职，2004年1月创办苏州金诚科技有限公司，任董事长兼总经理。

一、从创业者到管理者

作为一名有多年国企管理工作经验的创业者，公司成立之初，陈建就特别注重员工和团队的管理。他认为："企业不求做大，只求做精、做优。只有员工的素质超越同行业的水平，把团队打造成用户首选、最值得信赖的合作伙伴，才能让企业的服务越超客户的期望。"对于这家以弱电智能和安防监控研发、设计、安装为主的科技型企业，陈建的管理理念是"以科技为本，以诚信为宗旨，以超越客户的期望为目标"。

陈建是这么说的，也是这么做的。公司始终注重企业文化建设，不断加强对员工的企业文化培训、中华传统文化培训、技术培训，注重企业精神和价值观的培育，着重在员工中树立与企业"同成长、同发展"的归属观念和团队意识。

2004年，苏州成为公安部首批城市监控与报警全国四个试点城市之一，苏州金诚科技有限公司在成立之初便承接了苏州市吴中区木渎治安监控工程。中央政法委协调处处长王雪鹏等领导先后视察调研了木渎派出所监控指挥中心，对该项目的建设、使用效果给予了肯定，该项目同时得到了用户的认可。公司以完善的规划、高科技的产品、合理的价格、周到的售后服务，先后中标承接了木渎治安监控一、二、三、四、五期工程和兄弟镇治安监控等项目，为建设平安城市做出了贡献。

由于陈建在企业建设和管理方面的突出业绩，2012年度苏州市吴中区木渎治安监控五期、应急指挥中心改造工程被苏州市公安局技防办、苏州市安防协会评为2011年至2012年苏州市优质安防工程。公司成立十年来，取得了ISO 9001质量体系认证、中国安防行业协会企业二级资质、建筑智能化二级资质，被评为苏州市2A级重合同守信用企业、江苏省重合同守信用企业、国家级重合同守信用企业。

二、以身作则的中共党员

作为一名中国共产党党员，陈建一直保持着对党的事业的强烈信仰和热情，工作之余热爱党史文化，热心党史研究工作，被聘为苏州市中共党史学会常务理事。2013年10月中旬，由陈建发起，中国中共党史人物研究会主办，苏州革命博物馆承办，苏州金诚科技有限公司赞助的"金家凤在中共创建时期的历史作用暨110周年诞辰座谈会"在苏州市吴中区甪直镇召开。陈建董事长作为这次座谈会的筹备、策划、组织和出资者，自筹备初期就开始在全国各地奔走联络，收集资料，为会议的成功召开提供了重要的保障，得到了中国党史人物研究会领导、省市党史办领导和全国党史专家的一致好评。陈建还向广州青运史研究委员会、苏州革命博物馆捐赠过有重要价值的文物，获得了受赠单位颁发的荣誉证书和纪念品。

三、积极热情的公益企业家

事业上获得巨大成功后，陈建并没有忘记还有更多人需要去帮助、关心和关爱。他认为企业是个家，社会更是个大家庭，投身公益事业是企业家义不容辞的社会责任。他先后向多名白血病儿童、吴中区社会福利院、雅安地震灾区等捐款。2014年1月18日是公司成立十周年，公司原准备举办一个小型庆典纪念活动，但在得知福建长汀革命老区还有很多孩子因贫困而失学的消息后，

陈建毅然决定取消这次公司庆典活动，拿出10.5万元人民币，通过吴中区红十字会一次性定向捐赠革命老区105名贫困中小学生每人1000元助学金。在捐赠活动当天，陈建走访了老区部分贫困学生家庭，得到了福建长汀当地政府、人大、关工委、教育局及贫困家庭的高度赞扬。陈建不仅自身热心于公益事业，还带领企业员工捐赠，带动女儿及女儿工作的学校参与这次活动，并向当地小学捐赠了电脑一体机、数码相册、图书等助学用品。老区贫困生们寄来几十封信感谢陈建的热心帮助，苏州科技学院的研究生读到这些感谢信后，深受教育，感动得流下了热泪。

曾有人问陈建为什么不捐给当地，而捐赠给福建贫困生。陈建说："福建革命老区条件比我们这里差，更需要我们去关怀。"其实为人低调的陈建不愿在当地捐赠是不想引起新闻媒体及当地政府的关注和宣传。"人生路上取得再多的成就，也要懂得知足常乐，人的需求不用太多，但是人一定要有追求，当你帮助过别人并且有了成效时会有一种成就感。"这是陈建的人生体悟。到目前为止，据不完全统计，陈建向社会各界的捐款和用于公益事业的款项达100多万元。

四、乒乓球运动健将

一位成功的企业家，没有健康的体魄是不行的。乒乓球运动是陈建的爱好，小学时他曾获得过江苏省吴县小学生乒乓球比赛冠军。闲暇之余，陈建喜欢约上三五球友切磋球技，既锻炼身体，又放松心情。陈建还积极参加和组织各类乒乓球比赛，公司也在市区组织过几次乒乓球大赛。2015年10月，陈建当选为首届苏州市吴中区乒乓球协会主席，组织活动比赛更多了；2017年9月，陈建当选为苏州市乒乓球协会副主席。陈建不仅自己热爱体育，还关心体育事业，平时经常购买乒乓球桌、乒乓器材赠送给活动举办方，或者出资组织乒协间、城市间的交流比赛活动。他支持了2012年苏州市第十三届体育运动会和2016年苏州市十四届体育运动会。公司也因此几次被苏州市体育局授予热心支持单位称号。

通过乒乓球运动，陈建结识了各界朋友，拓展了社会服务面。华南理工大学党委副书记、苏州科技学院教授、苏州市政府研究室特约研究员、太湖书院副院长陈建新通过打球与陈建成为好朋友，并积极支持陈建的各项活动，成为金诚科技有限公司的顾问。陈建新先生这样评价他："陈建是一位讲政治、重感情、有爱心的企业家。他创办企业，是一个企业管理者，对经济发展做出了实实在在的贡献；他热心于公益，捐资赞助文化、学术和慈善事业，力求把每件事都做得很完美！"

（执笔人：张子瑜）

把握机遇　后发制人

沈杰

苏州市安防协会副理事长
苏州金脑袋智能系统工程有限公司总经理

走进苏州市干将东路瑞基大厦五楼的苏州金脑袋智能系统工程有限公司（下文简称"金脑袋"），首先映入眼帘的是独具一格的公司标识：整个标识的主体部分以金色勾勒出一个外形酷似脑袋的"@"符号，不仅与公司名"金脑袋"十分贴合，还有着更深的寓意，蕴含着互联网的思维。在"@"上方是四个芒尖，象征闪烁着智慧的光芒，而在"@"下方尾部延伸出的尖头符号，则寓意着"金脑袋"将随着时代发展不断改革自身，创新发展，一路前进。

一、互联网起步

沈杰在1996年创办了苏州金脑袋信息网络有限公司，主要从事网站建设、网站推广、互联网产品以及相关的信息咨询服务，致力于为国内外企事业用户提供互联网应用问题的全面解决方案。这是金脑袋公司的前身。20世纪90年代,金脑袋信息网络有限公司刚刚成立的时候,互联网行业刚刚起步,是名副其实的朝阳产业,金脑袋公司就像企业的金色标识所寓意的那样,牢牢抓住了互联网行业发展的黄金时期,并在发展互联网行业的过程中,以互联网为基础,逐步向智能化和信息化转型。沈杰提到,公司成立的早期就奠定了一种"互联网"思维,而这种"互联网"思维伴随着公司一路发展,始终是公司的根基。正是这样的"互联网"思维为金脑袋公司后期的转型、发展奠定了坚实的基础。

二、把握机遇,创新转型

2005年,金脑袋公司抓住了一个重要机会,参与了苏州科技文化中心的项目施工,并最终保质保量地完成了该项目任务,取得了圆满成功。这个项目的成功启示了沈杰,他决定让公司向智能化工程施工方向转型。从2005年开始,为满足用户的不同需求,公司对自身的资源和业务进行重组与整合,成立苏州金脑袋智能系统工程有限公司,在保留一小部分业务继续做互联网的同时,全面进军智能化建筑行业,业务涉及政府、公安、养老、医院、学校、银行、酒店等多种建筑智能化领域。至2019年,公司注册资金增至6000万元,经过不懈的努力,金脑袋公司成为国内规模较大的知名的弱电系统集成商、公安执法办案一体化集成商、公安智慧政工平台服务商、"一标三实"(标准地址、实有人口、实有房屋、实有单位)集成商,在公安执法办案一体化系统的市场上占有领先地位。

创新是企业发展的动力。2012年,沈杰敏锐地察觉到行业发展的最新趋势,决定把公司发展的方向从传统智能化向信息化转变,公司业务再次突破升级,"金脑袋"云思维平台孕育而生。通过不断发展创新,"金脑袋"云思维平台已构建起完整的云平台服务价值链,服务涉及智能交通、智慧银行、人脸识别、智能物证、智慧养老、智慧医疗等智慧城市领域,并落地了国内第一个"动态人脸识别系统"实际应用项目。金脑袋公司将为互联网大数据的未来创造更多可能。

沈杰说，相比其他企业而言，公司比较突出的优势有两点。第一，在行业里面，公司拥有过硬的施工质量，是唯一一家在苏州市园区安防协会获得评审验收评价为"通过"的企业。第二，公司拥有专业的维修保护队伍和施工队伍，以国际一流的智能化产品为先导，凭借精益求精的技术和为用户提供优质高效服务的理念，将多项先进技术成功应用于国内市场，致力于向用户提供方案设计、设备供货、现场安装、编程调试、用户培训及售后服务等一系列完整的技术支持和服务；承接的工程类型包括智能化工程、公安执法办案、公安智慧政工、数据工厂、"一标三实"、软件定制开发及系统集成。

三、后发制人，硕果累累

公司目前在信息化工程方面取得突出的成绩，在云思维平台、公安大数据、动态人像识别、智慧交巡警、综合治安管理平台、基础人员信息采集、掌纹识别、智慧监狱系统、智慧养老系统等方面获得6项专利和几十项软件著作权。尤其是动态人像识别系统，通过视频监控、在线对比、离线对比、人像建库、系统管理，能协助公安部门更方便地抓获嫌犯。同时，这个系统也是国内率先将人脸识别系统落地的项目。该项目首先在苏州市试点建设，系统落地试点以来，共管控扒窃及盗窃人员25名，抓获"网逃"人员2名、"撤逃"人员6名，试点地点同比上年案件下降46%。继苏州试点落地后,紧接着,根据湖北省公安厅要求,以武汉市洪山区公安分局为试点,建设武汉市动态人脸识别系统。此项目从2015年4月15日开始实施,通过各方面的积极协调,投入骨干力量加班加点,于2015年4月21日晚开始试运行,开始运行不到24小时,于22日晚17时51分在某监控区域比对出扒手惯犯林某,并成功抓捕。

目前,金脑袋公司拥有电子与智能化工程专业承包一级资质,安防工程企业设计施工维护能力一级证书和系统集成资质,并通过了ISO 9001:2008质量管理体系认证、ISO 14001:2004环境体系认证、GB/28001-2011/OHSAS 18001:2007职业健康认证,被评为"重质量、保安全、守信誉3A级优秀施工企业"和江苏省智能化百强企业,目前业务涉及四川、重庆、江西、浙江、安徽、江苏、上海等省市的20多个城市,成为国内规模较大的智能化系统集成商和公安执法办案一体化集成商。

四、精通工程的"文科生"

公司是国内规模较大的知名的弱电系统集成商、公安执法办案一体化集成商,然而令人惊讶的是,作为公司总负责人的沈杰并非出自这一类专业。作为一个非专业的企业领导人,沈杰又是如何带领公司完成转型的呢?

可以说,沈杰自己也完成了一次重要的转型。他大学就读于南京航空航天大学管理工程专业,毕业后在一家外企工作。1996年,沈杰和姐姐沈健一起创业,但是,作为一个大学本科学的是文科专业，创业方向却是施工工程这样的理工科方向的创业者，沈杰面临着比常人更多的困难，也付出了比别人更多的艰辛和汗水。沈杰说："创业初期，公司刚刚起步，在很多资质方面都有专业要求，我是从零开始学起，一本书、一本书地琢磨研究，经常是应酬完已经晚上十一点多了，还要看书，就这样咬着牙坚持着把国家一级建造师等证书考了下来。"此外，他还获得了高级工程师证书。

结语：寄语大学生

作为一名成功的企业家，沈杰总经理对当代的大学生提出了希望。他说："一方面，大学生要珍惜在校园里的时光，好好用功读书，为个人修养沉淀和文化沉淀打下坚实的基础；另一方面，大学生要积极参与社会实践，把平时所学所掌握的理论知识投入实践，要利用课余时间做些实习，多了解社会、接触社会，为以后进入社会工作做好准备。此外，大学生更需要明确好自己的奋斗目标，明确自身所欠缺的东西，并朝着这个方向不断努力，提升自我！"

（执笔人：张子瑜　吴　卉）

立足本地的耕耘者

施元中

苏州市安防协会副理事长
苏州天华信息科技股份有限公司总经理

走进苏州天华信息科技股份有限公司（下文简称"天华"），门口墙上悬挂着的几幅书法作品格外引人注目。其实这些并非名家的大作，而是天华传达给员工的"名言警句"："学历只能代表过去，学习能力才能代表将来""有些事情不是看到希望才去坚持，而是坚持了才看到希望""在抱怨自己赚钱少之前，先努力学着让自己值钱""不为模糊不清的未来担忧，只为清清楚楚的现在努力"。

天华总经理施元中先生告诉我们，这些名言警句"都是比较朴实易懂、有道理和充满正能量的，感觉比那些难懂的'八股文'要好。之所以放在门口，就是希望公司的员工在日常工作、生活中能以此为鉴，把这些道理都贯彻到实际中去"。

一、立足本地，踏踏实实

施元中说，自己在大学期间学习的是计算机软件专业，1987年毕业后分配到一家国企工作，一干就是十年。1997年离职，进入奇诺计算机公司工作（现天华公司前身），公司主要提供电力行业的计算机硬件及软件服务。公司凭借多年来在计算机网络、嵌入式软件等领域里的研究，以行业为切入点，开发了多种可靠、实用的基础软件平台和应用软件，为电力行业的信息化应用及工程提供了不少解决方案。然而"酒香也怕巷子深"，公司在软件产业上遇到瓶颈，于2002年将业务工作重点放在了智慧城市、平安城市建设上。

施元中说，一直以来，公司都以"诚信、敬业、开拓、创新"为经营理念，是华东地区涉足智能图像监控领域较早的系统集成公司，目前专业从事智能图像监控、识别、抓拍技术的产品开发、集成，为客户提供智能监控工程的规划设计、建设、维护和技术咨询等服务。公司为国家级高新技术企业，拥有电子与智能化工程专业承包一级资质、计算机系统集成资质、安防工程资质、音视频集成工程企业一级资质，并通过ISO 27001 信息安全管理、CMMI（Capability Maturity Model Integration，能力成熟度模型集成）论证、ISO 9001 国际质量体系认证、ISO 28001 职业健康管理论证、ISO 24001 环境管理体系认证、企业资信3A等级论证，获得"重合同守信用企业"证书。

近年来，天华公司在智能交通、社会治安监控、智能化小区等项目中做出不少业绩。在智能交通方面，2010年完成了火车站站外综合监控信息指挥管理系统工程，2012年完成了苏州环线内主要道路交通信息采集发布系统设备及安装项目，2015年完成了治安监控、高清卡口、电子警察及动态违章抓拍系统项目等；在社会治安监控方面，2008年完成了古城区奥运火炬接力监控项目，2010年完成了世博会护城河安保项目工程，2015年完成了世乒赛监控系统升级改造项目、城区多条主要道路和重点部位监控系统等项目；在智能化小区方面，完成了胜浦镇滨江苑社区的安防系统项目等。在众多重大活动的保障中，都有天华的身影。

天华能够取得这么多的成绩，主要得益于公司本地化的经营策略和踏踏实实的工作精神。公司自成立以来，承建了苏州市姑苏区、工业园区、虎丘区、相城区、吴中区等多个地区的多项智能图像监控大中型实事工程，积累了丰富的机电工程集成和维护经验。经过多年的稳步发展，公司逐步成为华东地区在智能图像监控和智能交通领域较有规模和影响力的公司。施元中提到，安防监控产品并非只卖产品，更多的是维护、保养等售后服务，因此，公司也制订了本地化的经营策略，争取把本地的安防做好，服务好一方人民。施元中说，公司要做大做强并非易事，但一方水土养一方人，天华愿意做稳、做扎实，专注做好本地安防领域的服务者。

二、最纯粹的企业文化

如今不少企业都打造了丰富的企业文化来包装自己。谈到天华的企业文化，施元中说："我们企业规模小，也没有文化墙，谈不上企业文化，主要是以人为本，传递给员工的都是最通俗易懂的道理。"他认为更重要的是对基层员工的关心和管理。

施元中说，我们告诉每一个员工，公司再大，它不爱你、不给你机会，一样等于零；公司再小，凝聚力强，给你空间创造，照样是"龙"出没的地方。我们经常教育员工，工资是发给日常工作的人的，高薪是发给承担责任的人的，奖金是发给做出成绩的人的，荣誉是颁给有理想抱负的人的，辞退信将送给没有成果还要个性的人。我们一直在努力培养每一个员工，打造敢于吃苦耐劳、能打胜仗的团队。

施元中说，为了保持公司的可持续健康发展，天华非常重视技术人才的培养，每年把近5%的业务收入投入到专项研究和员工的技术培训中去。公司现有员工160多人，其中具有大专、中专以上学历的占70%以上。公司开发的多项产品已获得多项国家专利。技术的发展是无止境的，目前天华已经与东南大学、常州大学等国内著名学府建立了多种层次的合作关系，进行多方位的技术应用和工程合作，同时还同国内著名监控产品生产商进行紧密合作。公司坚持发展具有自主知识产权的核心中间件产品以及应用软件，为今后的发展提供有力的技术保障。

三、总经理就是销售员

"我们没有营销部门,也没有专门的销售员、业务员,这是天华与许多公司的区别。"施元中说:"临时聘用的销售员往往不能够深入地理解公司和产品的情况,也就无法针对客户的需求'对症下药'。实际上我就是一名销售员。"

除此之外,还有许多工作施元中都亲力亲为。1997年至今,所有的应聘工作他都要参与面试,目的就是组建一支优秀、踏实的工作团队。施元中说:"我们对员工的学历没有过高的要求,但是人的性格、品行很重要,不懂技术可以后期跟着师傅慢慢学,我们更看重应聘者是否具有踏实的精神和坚持不懈的毅力。"他告诉我们,天华内部工作十年以上的员工占了80%。

施元中坦言,自己在面试过程中发现,现在的大学生在学校里学习的课程与实际用人单位的需求有差距,由此造成不少毕业生到公司都要从头开始学习。比如,很少有大学单独开设建筑智能化专业的课程,但现在社会对这方面的需求很大。他建议,大学生在学校里除了要学好课本知识外,还要针对社会的实际需求学习一些知识,这对他们将来踏上工作岗位有很大的好处。

四、讲究诚信，以和为贵

"诚信很重要，"施元中说，"天华是苏州市安全技术防范行业协会的副理事长单位，一直以来都积极主动地参与协会诚信委员会建设和星级诚信单位的评定等工作。诚信对于每个企业来说都是至关重要的因素。"对于客户来说，诚信是双方合作的前提和基础；对于员工来说，诚信是每个天华员工必须具备的素质，做人做事都要讲究诚信。企业只有讲究诚信，才能被社会认可，在竞争中脱颖而出。

在客户领域，公司实施 7×24 小时服务，超短时间响应。专业的高级网络及软件专家为客户提供总体方案规划、可行性论证等服务，同时还为客户提供优质的本地化硬件维护、软件升级。为不断提高服务质量，公司投入大量人力物力，基于天华工程、维护及客户跟踪服务体系软件，形成了强大的技术服务平台。天华将诚信的原则贯彻在服务客户点点滴滴的过程中。

"我们在 2010 年首先加入了苏州工业园区安全防范行业协会，2011 年苏州市安全技术防范行业协会成立，我们也在第一时间加入。"施元中告诉我们，"加入苏州市安防协会后，我们得到了许多次出去交流考察的机会，也对行业发展情况有了进一步的了解。非常感谢协会对我们的关心与支持。"

他说，协会为他们提供了交流学习的平台，其提供的方案评审、产品验收、专家建议等服务都对安防行业的发展起到了至关重要的作用。虽然会员单位都是同行、是对手，但会员都非常友好，大家相处和谐，这也是协会给大家创造的良好环境。

展望未来，面对国内经济发展的良好机遇，凭借着现代企业制度的经营理念，本着发展民族高科技工业、促进经济进步和服务社会的宗旨，天华将向客户提供更优良的产品和更优质的服务，与社会各界携手共进，共同创造美好的未来。

（执笔人：张子瑜）

敏锐 责任 机遇 多元

蒋翀

苏州市安防协会副理事长
江苏新亿迪智能科技有限公司董事长

蒋翀，男，汉族，出生于1976年，江苏新亿迪智能科技有限公司（下文简称"新亿迪"）董事长。自他担任新亿迪总经理以来，围绕"立足改革、加快发展、真诚服务、提高效益"这一中心，克服重重困难，建立健全各项规章制度，科学调动人员，积极开拓市场，使公司的业务一直处于上升的态势，为全国智慧城市的建设做出了贡献。

一、他，以敏锐的行业嗅觉为企业指明方向

蒋翀说，新亿迪作为苏州最老的智能化企业之一，在十年前就是苏州智能化行业里最大的公司，在他接管公司以前，新亿迪就已经具有了完备的发展环节，为以后的发展奠定了坚实的基础。一方面，虽然他接手时是企业的低谷时期，但是新亿迪本身打下的基础非常好；另一方面，按照国家的政策趋势，智能化行业虽然从国家总体来看在下滑，但

是在苏州地区,党的十八大以来民生工程项目很多,苏州大型的医院、酒店、学校、公共设施等民生工程,新亿迪参与了大部分项目的建设施工。

对于行业的趋势,蒋翀说:"虽然智能化行业前景不错,但技术含量还不高。现在国家号召产业转型升级,大多数企业的施工量在减少。不过好在我们碰上了一个好机遇,当前国家正在大力发展智慧城市、特色小镇、海绵城市,在这方面我们有许多着眼点。新亿迪参加了几个大型的项目,如国家试点的长沙经济开发区、重庆市渝北区等地的项目。虽然与全国其他大企业相比优势还不明显,但我们已经参与在其中,也即把握了机遇。"

当前,在苏州的不少大型项目中,新亿迪也在努力升级换代。对大型楼宇里的模拟程序、软件设计、能耗管理、绿色节能进行升级换代,帮助客户节约用电,降低成本。与其他企业相比,新亿迪的系统能够深入测绘,通过采集数据了解问题后提供解决问题的方案。

当今是信息化时代,信息化时代就是数据的时代。在这样的时代中,谁掌握了数据谁就掌握了将来。有了数据过后,聚小成大,把一个个大数据做好,就是今后发展的基础。蒋翀说,我们的着眼点不在于细,而在于精、在于广,要借鉴行业最领先的技术,通过合作方式,把好的东西都为我所用。我们企业发展的真正方向就是参与海绵城市、智慧城市的建设。

新亿迪同时还是智能化协会的会长单位。自蒋翀董事长接管公司以来,公司实现了很多突破,公司体量在苏州是数一数二的,苏州单体最大的十个项目中,新亿迪占了四个,参与了多个智能交通、智慧城市等方面的项目。

二、他,用一颗责任心呵护企业成长

新亿迪是一家以智慧城市、"互联网+"和智能建筑为主导的科技服务型企业,拥有智能建筑化甲级设计、建筑智能化一级施工、安全防范设计施工一级、涉密计算机网络系统集成乙级和计算机系统集成三级等主要资质,集聚了一批由高、中级专业工程师及各类执业工程师组成的设计队伍和由众多注册建造师组成的工程管理实施队伍。公司成立十多年来,在苏州智能化行业的业绩中名列前茅,所得资质和荣誉也在业内首屈一指。通过多年的实践努力,公司已涉足多个智能化行业细分领域并取得了相应的成绩。

蒋翀说,一直以来,公司都崇尚"诚信、服务、严谨、合作"的理念,秉承"团结、和谐、求实、创新"的企业精神,针对不同客户的多种需求,形成一系列由相关专业彼此整合的智慧医疗、智慧旅游、智慧养老、智慧社区等整体解决方案,以更好地服务于智慧城市建设。

蒋翀一直把与行业协会、行业主管部门、业务主管部门等有关管理部门的协调工作,作为自己工作的重点之一。在同有关部门的沟通协调中,他把同行业好的经验做法带回公司,同时,也把公司的一些好的管理、业务经验做了推介。他还非常注重公司社会形象推广,主导建设了公司网站,对公司形象宣传和推广起到了良好的作用。

制度建设是企业发展的重要保证。公司发展至今,一是靠正确的领导和政策,二是靠广大员工的支持和严格的管理。2013年,在蒋翀的带领组织下,公司结合经商管理实际,对管理制度再次进行了修订,并制定了《江苏新亿迪智能科技有限公司管理制度》,内容涉及人事、财务、薪金、奖惩、采购、报销、合同管理、信用管理、质量追究、内部控制等十大项,基本达到了按制度和规定办事的管理理念,公司管理逐步进入了科学管理的轨道,管理水平不断提高,同时也有效促进了劳动生产率和工作效率的提高。

公司的发展是公司创收增收的中心,公司的发展是工作的重点也是难点。2013年伊始,蒋翀带领全体业务人员共同分析市场,分区分片逐个突破。他不仅亲自跑市场,更把攻关的经验传授给其他业务人员,不断帮助其他员工克服各种困难,提高承揽业务的本领。经过他的培训,公司业务人员的业务能力都有了非常大的提高。

蒋翀始终抓住领导班子建设这个"龙头",凡是人事安排、重大财务开支等涉及公司发展的问题、工作,都要召开领导班子办公会议,在坚持民主集中制的基础上,公开讨论,民主决策,从不定调子、划框子。在工作中,他能够严格自律,清正廉洁,密切联系员工,吃苦在前,享受在后,充分发挥公司领头人的先锋模范作用,带动全体员工共同发展公司的业务。

"干一行,爱一行,精一行",蒋翀身上体现了一名普通工作者强烈的事业心、责任感及爱岗敬业的精神。他热爱事业,以大局为重,勇挑重担,甘于奉献,勤勤恳恳地奉献着自己的年华,在本职工作岗位上为公司的发展做出了应有的贡献。

三、他,把握机遇带领企业创新发展

近年来,新亿迪在行政机关、工业及商贸、教育、小区、公共事业等项目上做出了不少成绩。2015年,新亿迪在当年苏州最大的十个智能化大标中独占三个,分别是高新区文体中心项目、太湖渔洋山酒店项目、吴江经济开发区医院项目。2016年,新亿迪完成了苏州城市生活广场项目、开发区医院应用软件项目、苏州太湖万豪万丽酒店项目、《长沙先导区洋湖垸、滨江新城智慧城市建设暨产业发展计划书大纲》编制项目委托咨询,与智慧城市有关的项目有汉口滨江商务区智慧城市顶层规划和重庆市渝北区仙桃数据谷项目。

为何新亿迪能取得这么好的成绩?蒋翀说主要是新亿迪在产业转型升级的背景下,紧跟国家政策,抓住机遇,与时俱进。

随着现代信息通信技术的发展和城市化进程的加速,城市在社会发展中的主体地位越发凸显,"智慧城市"作为城市治理领域的一种新路径,被世界上许多国家和地区所接受和推崇,并得以逐步推进。新亿迪认真把握这难得的机遇,在确保传统智能建筑领域应有的市场份额的同时,走创新之路,搞好公司企业文化塑造和制度建设,做好人才队伍的建设,用"请进来"的方式,反"木桶理论",补公司短板。外地市场走多样化创新合作模式,形成优势互补,充分用好用足江苏新亿迪这个平台,创造更广阔的市场空间。

在公司经营中,经过资源整合,下出了类似围棋的"大模样",初步构建了准集团公司的雏形,稳占本地市场名列前茅的份额,打响了江苏新亿迪的品牌,同时吸引了本地小规模公司一起加盟打拼。新亿迪以超值服务的心态,利用自身的资质平台,在帮助促成项目中标的同时也做"厚"市场。在做好传统业务的基础上，为了企业的后劲与可持续发展，未雨绸缪，跨界智能交通工程，并提前布局智慧城市，为公司将来的转型升级埋下伏笔。

围绕智慧城市建设，公司从专业领域、业务领域、服务方式及发展模式上不断进行整合与创新，形成了多维度的立体化发展战略布局。为此，新亿迪与国内领先的中国智慧城市建设投资联盟合作，聘用专委会首席科学家作为公司顾问，并引进博士等专业人才，成立苏州新亿迪智慧城市建设有限公司，前瞻性地做好准备，利用公司专业较为齐备的优势，相互之间形成良好的专业互动。

2014年，根据国务院出台的《促进智慧城市健康发展的指导意见》（发改高技〔2014〕1770号）文件精神，新亿迪利用在建筑智能化、智慧城市、"互联网＋"等领域奠定的丰富的专业基础和建设经验，与国内外多家机构、企业和著名学府合作，采用了一系列与智慧城市相吻合的产品和理念，不断进行技术突破和新技术创新研发，共申报专利几十项，为企业成功转型打下了坚实的基础。在2015—2016年智慧城市专业建设中，公司产值达到5亿元以上，一举成为苏州乃至全省的行业排头兵。

未来，新亿迪将利用自身优势资源，为客户提供包括城市咨询规划、城市公共服务平台建设、城市智能建筑建设与创新运营模式在内的一整套智慧城市管理解决方案，从而服务于智慧城市的建设与运营。

四、他，倡导多元的企业文化

蒋翀告诉我们，公司崇尚"诚信、服务、严谨、合作"，以"团结、和谐、求实、创新"为企业精神，以"适应市场规律，依靠科技创新，不断完善管理，满足客户需求"为质量方针，以"节能减废，保护环境，全员参与，持续发展"为环境方针，把"任何一项成功的项目（工程），都是由客户的信任、配合，以及我们的团队、合作伙伴对客户的奉献集结而成的"作为企业的集成理念。

新亿迪也在积极承担企业的社会责任，反馈社会。公司热心公益，资助教育，积极帮助贫困地区的困难学校，先后给贵州铜仁和西藏的学校捐款。在中秋节,公司还组织员工去敬老院探望老人,送去温暖。

蒋翀认为,"万事以人为本,人的基础打不好,事业就很难办成"。因此,他经常要求并组织开展业务培训与交流活动,经常派员工走出去学习,回来后与其他员工交流,在不断的培训交流中,员工的业务素质、综合能力都有了很大的提升。另外,蒋翀非常注重公司内部工作人员的团结协作,提倡"以团结提升战斗力和生产力",他经常强调"对内加强团结,对外加强协作,内部矛盾一定内部化解,对内对外都要树立良好的公司形象"。

作为苏州市安防协会的会员单位,蒋翀表示,协会为同行业的企业搭建、提供了一个很好的平台,也为工程项目验收提供了许多指导和建议,他非常感谢协会对会员单位的关心与支持。

(执笔人:张子瑜　吴　卉)

机遇 实力 多元 人才

胡明晶

苏州市安防协会副理事长
江苏中科智能系统有限公司总经理

胡明晶女士是江苏中科智能系统有限公司的掌门人。胡明晶毕业于苏州大学，学的是昆曲专业，毕业后在苏州电视台做了十年的主持人、编导。1995年，胡明晶的先生一手创办了中科公司。2004年左右，她辞职出来和先生一起创业。这对"创业夫妻档"一直是业内的佳话。

一、抓住发展机遇

苏州，一座中国味很浓的城市。21世纪之初，人文与科技相得益彰，科技的魅力在"人间天堂"更是大放异彩，给人们的生活增添了新的活力。"公司的发展正好赶上了苏州黄金发展的20年时间，是一个机遇，个人和企业的发展顺应了历史发展的潮流，搭上了高速发展的列车。"胡明晶说她很幸运，在发展的黄金时期做了智能化行业。江苏中科智能系统有限公司（以下简称"中科智能"）成立于2000年，是苏州地区最早从事智能化信息服务的公司之一。据胡明晶描述，最早中科智能在南亚会展中心做一个电博会的项目，全公司20多个人一起扑上去做这个300多万元的项目，当时特有成就感。如今中科智能经过20多年的发展，早已做过8000万元的大项目。由于抓住了发展机遇，在全体员工的共同努力下，在这块土地上，中科智能成为时代科技的弄潮儿。经过市场的磨砺，中科智能已成为集智能化系统工程、智能交通系统工程、智慧医疗、智慧养老及能源管理的研发、设计、施工和软件开发服务于一体的高科技服务型企业，企业规模及技术实力在省内同行业名列前茅。公司具有建筑智能化工程设计与施工一级资质，音、视频工程企业一级资质，信息系统集成及服务三级资质，中华人民共和国对外承包工程资格证书，通过了质量管理体系、环境体系、职业健康与安全体系、信息安全体系、CMI三级认证，获得了江苏省智能化与消防工程行业20强企业、2015—2016年度平安建设优秀安防工程企业、重合同守信用企业、优质施工单位、苏州市诚信企业、苏州市名牌企业、江苏省高新技术企业、江苏省民营科技企业、江苏省科技创新型企业等称号，并建有苏州市企业技术中心及省级院士工作站。

二、重点项目彰显企业实力

胡明晶说："高教区很多项目都是我们做的。公司是苏州最早获得智能化设计施工一级资质的，业务多元化，涉及全部智能化。"公司自成立以来，一直致力于智能信息化工程领域的开拓，"以客户需求为导向，以客户满意为宗旨"，中科人追求卓越，止于至善。从前期的工程设计到中期的施工管理再到后期的维护服务，每个环节都严格按国家规范要求实施，严格以ISO质量管理体系管理，在多年的项目实施中，打造了一批经典、示范性工程，获得了"鲁班奖""姑苏杯""优质施工单位"等殊荣。

公司参与的人民路综合整治工程是一大亮点。作为苏州城贯穿南北的大动脉，人民路见证了苏州的城市变迁，承载着这座城市的历史。

苏州市交通信息大楼智能化弱电系统工程

吴中公安应急指挥中心

苏州科技城医院

人民路综合整治工程

人民路自2016年2月开始大修，经过10个月的提升改造，于同年12月底全线恢复正常通行。在人民路改造建设指挥部、交通局、设计院等单位的领导配合下，中科智能项目部人员克服了道路交通拥堵、施工区域人流量过大、施工地下管线复杂、冬雨季节等多种困难。在本次项目建设中，无论是前期调研、深化设计还是现场施工管理、安装调试，中科智能的工作人员都夜以继日，争分夺秒，风雨无阻，投入了大量心血和汗水，最终顺利保障了2016年12月底前人民路通车目标的达成。

胡明晶告诉我们，人民路综合整治工程有几大亮点。

第一个就是"行人过马路，人像上大屏幕"。人民路有些路口多了一块彩色大屏幕，不少人还从上面看到了自己过马路的样子，有人哈哈一笑并未当回事，也有人对这种把自己的样子刻意放大的行为表示不能理解。其实这是交警为了遏制"中国式过马路"出的新招。改造后的人民路西北街、白塔西路、因果巷、道前街四个路口，分别设置了抓拍电子眼，行人一旦闯红灯，电子眼就会进行抓拍，并将人像投放在旁边的电子大屏幕上。照片将显示3分钟左右，有新的抓拍后将自动刷新。待调试完成后，大屏将会清晰显示闯红灯行人的脸部特写,并伴有语言提示。目前,抓拍主要以教育警示为主,也可作为违法行为的取证。

第二个就是"增设机动车违法停车自动抓拍设施"。在人民路大修期间,不少驾驶员趁着沿路的监控设备不全,随意停车。随着人民路全面通车,沿路的监控设备也同步投入使用,违停将成为严查的对象之一。此次人民路整修后,在人民路乐桥、市立医院本部、市图书馆等10处车流量较大的路段增设了机动车违法停车自动抓拍设施。

第三个就是"建立红绿灯信号自适应控制系统"。改造后的人民路沿线的红绿灯全部取消倒计时,同时启用信号变更自适应系统,即根据采集到的数据进行预测并调整绿信比,在非饱和状态下,可以根据流量变化实时调节放行时长,减少绿灯空放和红灯长时间等待现象。

作为公司业务转型的又一个重点项目,人民路改造项目包含了交通监控、治安监控、信号灯、标志标线等多个分项工程,是一个综合性的道路交通项目。项目的圆满竣工为中科智能在道路改造及智能交通配套建设方面积累了宝贵经验。未来,中科智能将继续全力以赴,为苏州的智能交通发展添砖加瓦。

三、公司转型升级发展业务板块多元共生

胡明晶说,我们是在建筑智能化行业刚刚发展起来的时候入行的,经过快速发展,这个行业已经面临着市场竞争激烈、小企业不断涌入等诸多问题。在看到了建筑智能化行业内的深层问题,并敏锐地意识到潜伏的困境后,从2009年起,中科智能抓住了两个发展机遇,实现了转型。

一是立足主业,拉长产业链,培育企业新的经济增长点。中科智能从2009年开始切入公共交通智能化领域,承接了苏州轻轨1号线的BAS(建筑设备自动化系统)项目、公安监控集成项目及轨道控制中心智能化等项目,也参与了轨道2号线的有关项目。从2010年开始,中科智能与中科院自动化研究所合作,成立了省级院士工作站,先后开发出多项拥有知识产权的智能交通系统。其中,"红绿灯自适应控制系统"已在太仓、昆山投入应用,这套系统可以根据车流量和排队

长度自动调节红绿灯时间;"视频监控智能管理平台"也已在苏州的轨道1、2号线投入应用。同时,公司成功参与苏州工业园区的智能交通一期工程。

二是抢抓机遇进军智慧医疗、智慧养老,建立完善的互联网养老服务体系。中科智能紧跟科技发展步伐,抓住机遇勇面挑战,力争走在行业的前端,在智慧养老领域成功迈出了第一步——承接了中国人寿苏州阳澄湖半岛养老养生项目。该项目为国内央企在本地的高端养老社区项目,中科智能负责该项目的咨询规划和具体实施工作。

中国人寿苏州阳澄湖养老社区项目以全国智能化养老实验基地的标准来进行建设,为适应现代化高技术发展的需要,其智能化系统的建设必须为整个养老社区管理提供可靠、高速、灵活、开放的传输平台和实现途径,为住户提供一个安全、便捷、温馨、功能齐全的生活环境,并且为社区的物业管理提供高效、优质的技术手段,以有效地进行社区的综合管理。除了做智能工程外,公司还涉足其他金融领域:工程智能化板块、金融板块、服务外包板块。这是很多安防行业公司没有涉及的,也是中科智能成功的一个因素。

四、准确预判行业,储备技术人才

中科智能拥有一支富有创造力和具有优秀协作精神的团队,汇集了强大的策略资源与一流的专业经验。胡明晶向我们详细介绍了企业准确预判行业、储备技术人才的情况。2005年,中科院与中科智能合作了一个智能交通项目,以项目为依托,公司结识了王飞跃博士。王博士根据红绿灯路口的人流量、车辆检测排队长度,研究设计出红绿灯自动调整放行时间的系统。先在太仓的路口做了试点,很快参与园区招标并成功拿到项目施工,公司的业务从建筑智能化发展到智能交通和智能建筑,并且智能交通的业务比重越来越大。有了这次合作后,公司专门成立了院士工作站,聘请王飞跃博士等几位专家作为公司顾问。在新的机遇与挑战面前,将中科智能打造成为一家顶级的智能信息现代化高科技企业,是中科人始终不渝的追求和目标,而人才的储备又是企业的核心目标之一。

作为苏州大学的杰出校友,谈到大学生活,胡明晶依然十分怀念。"个人经历有很多不可复制的地方,"她说,"对于所学专业和今后就业之间的关系,我的体会是学什么专业和以后从事的工作不一定完全吻合,但是大学期间的学习,对自己综合能力的提升很重要。做事情要有激情,做一件事就要做到最好,不给自己留下遗憾。"

(执笔人:吴　卉　张子瑜)

行业先行 内向技控 热心社会

王家民

苏州市安防协会副理事长
江苏安太信息电子有限公司总经理

2015年,苏州市安防协会举行第二次换届选举,江苏安太信息电子有限公司(下文简称"江苏安太")当选为第二届副理事长单位,作为江苏安太总经理,王家民先生当选为第二届理事会副理事长。

一、行业的先行者——二十年创新发展,客户需求至上

王家民当选为副理事长,与他带领的江苏安太取得的成绩密不可分。江苏安太是一家在苏锡常地区安防行业从事区域代理安防器材销售、软件开发、售后服务的专业公司,具有独立法人资格。公司具有完善的软件产品研发、质量管理、市场销售和服务体系。作为苏锡常地区专业红外线报警系统、闭路电视监控、显示终端和系统方案领域的供应企业,江苏安太自成立以来,始终坚持"以人为本,诚信经营,技术领先,精益求精"的企

业立基之本,提出"和谐、拼搏、拓展、效益"的企业精神,秉持着客户、企业、员工共赢的经营理念,业务规模和领域得到不断发展壮大。公司依托上游国际国内知名品牌厂商在安防技术方面的优势,结合公司软件技术开发应用,在规范经营的同时,不断加大技术研发投入,将自身开发的应用软件优势充分发挥,为社会提供智慧、平安的安防环境。

作为华东地区知名安防器材的专业供应商,江苏安太产品范围广泛,时刻捕捉客户需求,为客户提供最佳的服务,在产品品质上、性能上都有很大的优势,且极其重视产品在便利性和延续性及售后等方面的服务。公司在王家民总经理的领导下,专心于安防行业近二十年,积累了宝贵的经验,建立了自己的销售网络公司,拥有一批年富力强的专业技术人员和营销人员,在行业内逐渐具备了一定的影响力。

王家民说:"安太公司不是智能化公司,而是专业化的销售公司,其经营范围涉及智能化设备及软件、安防设备、电器设备、计算机及周边设备、家用电器、电子元件、自动化设备、通信器材等的代理与销售,以及对信息系统工程、综合布线系统、建筑智能化安防工程、大屏显示系统工程的承接。"江苏安太做到了从系统设计、集成、设备配套到技术支持、售后的全方位的服务,也能最终保障用户的切身利益。在业务上,江苏安太与同是安防协会会员单位的科达及

创维、三星等公司都有过深入的合作。公司以诚信、共赢为价值观,聚焦安防智能交通、平安城市、智慧城市、智慧家庭、工厂学校、医院、智慧小区、商用显示、教育交互式电子白板等领域,借助互联网和云存储、云计算等技术,不断提升产品的智能化水平,凭借企业建立的定制化、小批量、多品种等研发供应链和软件开发能力,满足客

户个性化的需要，为客户提供完整的系统解决方案。销售的产品包括有线、无线、被动、主动红外线报警模拟，数字标清、高清全系列视频监控设备，系统设备液晶监视器，大屏幕液晶拼接系统，数字智能DLP无缝拼接系统，室内外LED拼接显示系统，商用特殊定制显示终端，教育交互式电子白板等。其中，高清专业终端显示设备已经成为销售体系内中高端产品的主流标尺，公司销售的监控设备所参与的多数安防、商用、平安城市、智能交通、制造业、教学系统、电教等项目均已成为示范工程，得到广大客户的一致赞赏。

提及江苏安太的发展轨迹，王家民通过梳理几个重要的时间点，向我们讲述了江苏安太的近二十年的发展历程。

1998年，苏州安太成立。王家民表示，作为苏州第一批涉及安防产业的公司，当时的业务体量较小，主营业务包括电子监控、保险箱、门窗及报警系统。关于报警系统，王家民提到，当时安防产业的主要报警系统分为两种，一种是通过电话线与公安联网的红外线报警平台，一种是串联警务室、仓库等短距离地点的无线报警系统。而摄像机品牌的选择范围也很有限，只有少量的海外品牌如松下、三星。

到了2003年，韩国三星电子公司在天津设置工厂，当时的三星在中国的销售市场还没有完全打开，仍处于酝酿萌芽阶段，同时，国际大品牌的相关安防产品在中国的市场销售也处于真空状态。苏州安太瞄准三星这一品牌的市场前景与发展优势，拿下了三星公司在苏锡常地区的总代理。接下来，安太举行产品推广会、进项案例演示，在市场开拓等方面做出了自己的不懈努力。王家民表示，在当时，对于一个标准化、模块化的产品设计，由于针对用户需求进行的二次设计调整的周期太长，国外企业往往未能及时满足市场需求，做出相应的反馈，因此，用户只能被动适应国外产品的有些功能。但国内企业具备了及时的反馈、较短的产品"再设计"周期等优势，针对用户的实际需求，制订出个性化的修改方案。而苏州安太也将这一业务纳入自己的业务体系。

除了一些产品的系统代理之外，安太也会根据用户的实际需求，提供配套的镜头产品服务。对于相机镜头，通过照度、使用寿命、导出格式等方面的对比，王家民对CCD与CMOS的各自优缺点进行了系统分析。提及苏州安防产业的其他新技术，王家民介绍起来如数家珍，技防案例随手拈来，对各种技术问题的解决方案直击症结，可见其始终扎根安防产业前线。对于当时行业核心技术的分布，王家民也记忆深刻。

至2004年，安太将创维的相关产品导入自身的产品销售系统，技术由CRT监视器投影仪等业务逐渐延伸至液晶拼接屏，安太电子也由此开始涉足液晶拼接屏幕的产品推广领域。2008年，安太于区域交警大队做了第一块液晶拼接显示屏。由第一次尝试的15块屏幕，拼缝2厘米，到后来的42块屏幕，拼缝6.7毫米，再到如今，安太于苏州市交控中心建立的48块屏幕，拼缝3.5毫米。由当初的液晶拼接，至2013、2014年之间，技术一步步发展到如今的LED。安太始终关注这一领域的最新动态，成为苏州该领域的技术领先者，为苏州整个安防行业，尤其是交通监控方面，做出了卓越的贡献。

除了提供产品代理服务之外，安太还会根据用户使用过程中存在的实际问题，进行一线指导。王家民本人也经常应客户要求，到产品安装现场进行技术指导，提供技术支持。他说："很多客户会由于前期的方案设计或判断不足等问题，遇到一些技术瓶颈，而安太会及时做出技术援助，这就好比产品的'售后服务'，为客户提供相应的指导。"

二、内向型技术控——谈技术滔滔不绝，做事情精益求精

王家民身上有一种强大的人格魅力。采访开始前，见到王家民的第一眼，就给人一种如沐春风的感觉。他言谈举止从容优雅，脸上一直挂着和煦的笑容。在公司中，他对待自己的员工也极为友善，很有亲和力。有这样一位老板的存在，公司的氛围很是轻松。"得人心者得天下"，在这样的环境里，员工的积极性被极大地激发出来，促使公司持续健康发展，凝聚力不断提高。而这些，都与他强大的人格魅力分不开。

他说话语速较快，逻辑严密，当我们把讨论的话题转到技术方面，

他的话匣子就打开了，讲起技术来如数家珍，滔滔不绝。因为对技术的喜爱，也因为对技术的熟知，更因为早已在多年的实战中积累了无数经验，并且与理论进行了深入结合，所以即使只是抓住一个很小的点，他也能从中拓展出很多相关的产品内容。我们谈到一款新品，他据此说出了很多东西，从产品的最初形态、详细的发展历程到关键性的技术突破、各种技术参数，以及在应用中的种种问题及解决方案，全都信手拈来。在技术方面，他有说不完的话，因为这是他浸润多年的地方，因此他能够很轻易地把已牢牢印在大脑深处的相关信息与技术知识尽情展现出来。

"老板会技术，谁也挡不住。"王家民不是一个只是会在办公室统筹规划的老板，他更像是一个"专家型"老板，一个资深的技术控，具备很多老板都不具备的强大的技术能力与专业素养。他不仅能够为协会会员单位作技术培训、开展讲座，利用自己掌握的专业知识，用最通俗易懂的语言与各种操作性强的实验让每一位技术人员的专业水准得以提高；同时，为了获取最详细的产品信息，为了给客户提供最优质全面的服务，也为了深入了解每款产品的性能与实际运用中遇到的问题，他还会深入工作的第一线，身先士卒，对公司承接的项目工程进行技术指导与示范，并可以根据客户的需求对产品的相关性能进行改进，调整至对方满意为止。

发展至今，曾经和安太一同起家的一批安防产业公司中，有众多企业已经选择转型，而王家民凭借着自己对技术的热爱与二十年的行业深耕，始终坚守在安防行业一线。他表示，选择"产品代理"为主营业务的发展模式，也是经过深思熟虑的。集中精力深挖项目与行业需求，以客户需求为公司导向，提供专业化的产品配置方案，这是苏州安太始终坚持、始终奋斗的目标。众多安防企业都在探索适合自身发展的转型方向，而王家民表示，因为对技术的热爱与追求，他将会继续在这一领域发展，继续保持着对这一行业的热忱。

王家民作为一个"技术控"，还体现在很多细节之处。采访中，他曾指出现在项目施工人员的不足，他说："现在的技术人员真是有点不敬业了，想当初我们给设备换镜头的时候都是先把手洗得干干净净,再戴上专用的手套,如今直接上手换了。"从这简单的几句话里我们不难看出他对技术的精细要求。

三、热心的社会工作者——关注协会发展,关心教育与人才

当被问到对协会发展的想法和建议时,作为安防协会的副理事长,王家民首先对王坤泉秘书长到来之后的大胆改革与创新之举,以及近两年协会取得的丰硕成果与显著成效表示了肯定。

在宣传工作方面,微信公众号、网站、杂志三个重要载体承担着各自的使命,联动会员单位、宣传安防形象、促进行业发展为目标,不断发展完善,激发了协会的活力。他表示通过微信公众号、安防杂志、网站等众多平台,可以实时更新协会动态,展示良好的协会形象。在协会发展方面,他也极大地肯定了王秘书长扩展协会发展的种种思路和举措。首先,协会真正做到了为会员谋福利。技术培训极大地增强了会员单位的整体技术力量,请专家前来进行技术评定与资质考核,便利了会员单位,是真正的得人心之举。组织参与的各种产品交流会及展览会更是提高了协会的内部凝聚力。此外,在人才培养方面,协会还与苏州大学、苏州市交通技工学院等多方面社会组织进行定向合作,还走进校园进行人才招聘,引领整个协会向更有担当的社会角色发展。

同时,他对于协会的进一步宣传发展也有些自己的想法,比如对于微信公众号的运用,他提出了不少建设性意见。他认为,目前微信公众号虽然能很及时更新协会的种种动态,但内容略显单一,对此,可以适当扩展、开发新板块。比如说协会可以对会员单位进行问题征集,针对会员单位在技术方面的需求,请专家委员会进行技术解决,凭借这一有效的互动平台,促进协会与会员单位的交流,增强用户黏性。再者,借助专家委员会成立的契机,推动"技术案例解决方案"数据库的建立。该举措有利于从根本上解决部分会员单位在实际操作过程中遇到的技术问题,方便了会员单位日后的查询,还在一定程度上增强了协会与会员单位的互动性。

说起安防协会对大学生的人才培养,他也深有感触。他向我们谈

了谈自己对大学生、对教育的看法与期待。面对应试教育体系，无论是"一考定终身"还是"全社会都在为高考让路"，都有值得我们反思的方面。他身处行业发展的浪潮中，也深深感觉到，现在的大学生无论在技能层面还是在人际交往、为人处世方面，往往与社会脱节。

一些高职院校培养出来的学生反而更加注重实践，也具备更大的竞争力。因此，他认为大学生毕业之后，首先要放低姿态，要有肯钻研、肯吃苦的精神。处于毕业起步的"白手起家"阶段，大学生应本着学习进步、积累经验的态度，学会适应这个社会，扎根自己所处行业的前线。

最后，王家民表示，将继续以提供专业化的数字安防监控产品、显示终端为核心，通过系统整合，借助互联网销售平台和互联网移动终端的交互应用，诚信经营，遵纪守法，依法纳税，为客户定制更多种类的解决方案。

（执笔人：索士心　张亚豪　吴　卉　张子瑜）

平生风云意，所乐在登攀

王酉春
苏州市安防协会副理事长
苏州朝阳智能科技股份有限公司董事长

2016年4月21日，苏州朝阳智能科技股份有限公司成功登陆新三板，在全国中小企业股份转让系统公开转让。而在此前的2015年12月15日，苏州朝阳智能科技有限公司正式更名为苏州朝阳智能科技股份有限公司（以下简称"朝阳股份"）。

作为公司的创办人和董事长，王酉春谈到上市的时候宠辱不惊。他感慨，这一天，他完成了自己人生最重要的转折。挂牌新三板不仅有利于吸引更多投资人和股东的加入，提高公司投资价值，保障股东投资收益，也有利于完善公司的资本结构，促进公司规范发展。这将会成为他带领朝阳股份勇攀高峰的新一站。

一、勇攀高峰，用新科技服务安防事业

作为朝阳股份的掌舵人，王酉春对如何把握市场，只说了一句话："市场就是要切中要害，工程质量一定要打动客户的心。"谈及智能化，他表示："进入信息化时代以后，人类的需求发生了很大改变，不仅追求多样化，而且更加注重生活品质的提升。智能化为现代人群提供了广阔的信息接收平台，很好地迎合了这种市场需求。我们可以通过物联网、云技术、RFD技术等，为城市的安防工作添砖加瓦。"

在公司创建不久后的2005年，王酉春通过公司自身的优势承接了相城区南亚花苑小区的智能化项目，以良好的技术质量和社会效能获得相城区公安分局赞扬。而南亚花苑也在全省政法委书记会议期间，经各地代表参观考察，确立为智能化小区典范，这不仅使相城区被列为试点单位，还为引入民间资本共同参与创建"平安苏州"实现常态化做出了贡献。接下来的两年里，王酉春带领创业团队先后承接了吴中区光福镇和相城区望亭镇的道路监控工程，其中望亭工程是通过政府招标，公司以经济最优、方案最优的"双优"单位中标的。中标后，王酉春及其团队以高度的社会责任感不断创新，通过技术改造，使设备成本降低、性能稳定，确保设备优质高效更实用。望亭监控系统投入使用后，使当地一些重大暴力事件得到及时有效控制，成为社会治安的"好帮手"，并且被人们传为佳话。光福的监控系统在安装一个月后，监控人员通过摄像机对涉嫌的盗窃团伙进行布控，从而破获了长期困扰当地治安的盗窃团伙，苏州电视台为此做出了有关报道。就这样，苏州朝阳智能科技有限公司凭借其在智能化领域积累的丰富经验和充足的资金与社会资源，迅速占领了市场。

从2006年开始，王酉春将公司的主要精力和技术创新放在老小区改造上，把技术防范工作纳入老新村改造中，曾多次与政府、公安局合作，与安防专家一起参与了苏州市委、市政府号召的"平安苏州"工程的规划和建设，为"和谐苏州"的建设做出了应有的贡献。诸如偷盗自行车、刮花汽车等困扰老小区治安的老大难问题，在有效监控下都得到了一定程度的解决，并且代表工程苏苑社区南区得到了市领导

的肯定和支持。公司在这期间还承担了吴中区部分中小学的技防改造工作，加强校园的治安监控，有效地推进"平安校园"的创建。

2011年，国家号召大力发展科技型企业，随后便有很多的高新企业崛起。王酉春凭着敏锐的洞察力意识到，自己的公司也到了该改革的时候，企业只有顺应时代的潮流，不断革新，才会拥有长久的生命力。于是，王酉春带领公司转型升级，并取得了一定的成绩。2011年年底公司成功获得"国家高新技术企业"称号，目前拥有9项专利、9项软件著作权及4项高新技术产品。

在王酉春的带领下，朝阳股份在建筑智能控制系统工程的设计、施工和服务以及计算机应用软件开发系统集成等领域取得了优异的成绩。从最初4个人白手起家到如今拥有各类中高级专业技术人员近40人；从最初开始涉及智能化市场到发展成为一家集计算机应用软件开发、网络信息化建设、建筑智能控制系统集成、计算机网络产品于一体的科学技术型企业；从单一的工程设计及施工类企业转型升级为拥有一定自主知识产权的高新技术企业。公司获得"建筑智能化工程专业承包"（二级）资质证书，"建筑智能化系统集成专项工程设计"（乙级）资质证书，顺利通过ISO 9001：2000国际质量体系认证，拥有"国家高新技术企业"证书、"安防工程企业"资质证书（一级），同时公司于2012年获得了"民营科技企业"的称号。

针对公司人才瓶颈问题，王酉春分析道："关键在于将企业文化、结构等组织各要素与招聘、培训等人力资源各要素互协调起来,如通过塑造良好的企业文化和工作环境增强员工凝聚力和归属感,并对员工进行职业生涯规划,提供职业发展机会。"

二、敢想敢做,用个人努力回报社会和时代

一提到"80后",人们脑海里首先想到的就是"充满活力、敢于担当的一代",他们自信、自立、自强,代表着年轻一代的精神和风貌。在过去的十多年里,王酉春就在用智慧与才干、务实与胆识告诉大家:尽管他生长在最好的年代,可他一直都在努力着,用自己的行动证明"80后"是勇于拼搏、不断开拓的一代。

王酉春出生于苏州,阳光的外表下透露出少许书卷气息。在他的身上,你会感受到"80后"的爽朗与气魄,还有南方人的精细和敏捷。交谈中,可以感觉到王酉春表现出的不是作为一个企业领头人的凌厉,而是多了一份儒雅,少了一份严肃,他身上独有的亲和力就像一个磁场,使磁场里的人都能被他的真诚和豪爽吸引,愿意与他交流,愿意与他一起工作奋斗,愿意与他做朋友。

细看王酉春的履历,这位青年企业家有着超越"80后"的经历,其事业发展历程与所付出的心血是成正比的。2002年,王酉春大学毕业。在那个年代,创业成为一股时尚风潮。和身边很多同学、朋友不一样的是,他并没有一毕业就选择在家人的帮助下开始创业。相反,

他选择先进入上海一家著名智能公司工作,从基层拉线工做起。相对于热闹的校园生活,这一工作是艰辛而枯燥的。但他意识到这是一次宝贵的学习机会,可以学习到校园里学不到的东西。于是他调整好心态,在保质保量完成工作任务的同时,还经常向经验丰富的老师傅讨教,有不明白的地方就记在笔记本上,自己琢磨。很快,他凭着优异的表现升为技术员、助理工程师,再到后来的设计工程师。这段打工经历为他后来的创业奠定了坚实基础。

从入门到了解再到逐步深入,在短短一年时间里,他完成了从技术人员到职业经理人的蜕变。在王酉春看来,基层经验不仅让他明白要想成功,就得稳扎稳打,一步一个脚印的道理,还给他的创业带来了很多能力储备,让他知道自己该如何承受各种压力,管理好自己的团队。

为了实现"创大业、立新业、成优业"的人生目标,他凭借着打工时培养的坚韧品质和自身的专业技能,选择了建筑智能化这一前沿行业作为自主创业的发展方向。从公司辞职到自己创办公司,王酉春下了很大的决心。"自己创业,会被赋予更多的责任和意义,你需要不断找寻自己,又不断推翻自己。智能化是人类发展的必然趋势,我希望自己在未来能够成为智慧城市的引领者和最佳体验的提供者,用新科技引领城市智能化,为大家创造美好生活。"

谈及家人,王酉春认为自己最感激的人是父亲。王酉春的父亲从小就教育他要自始至终怀抱一颗谦虚好学的心不断学习。在父亲的耳濡目染下,王酉春非常重视学习,他深知只有自身强大才能赢得市场。他从不拒绝任何先进的生产力与管理模式,积极参加不同领域的研讨会、座谈会,并于2011年成功报考上了中共江苏省委党校在职研究生,继续攻读企业管理硕士学位。他刻苦钻研专业智能化方面的知识,在坚持不懈的努力下,于2011年7月获得了"智能私人车库门禁系统"和"一种可视门铃"两项实用新型专利,并担任副主编出版了《智能建筑节能工程》《现代化建筑多媒体系统工程》两本书籍,还担任主编出版了《数字社区系统工程》《现代建筑多媒体系统工程》《五星级酒店智能化系统工程案例》等多本图书。

在担当起职业责任的同时,王酉春更把企业的社会责任放在首位,

实现"持续共赢,责任创新"。王酉春强调,要做一个有良心、有觉悟、有道德、有理想的企业家,在取得良好经济效益的同时回报社会,回馈人民;要积极参加"希望工程"等各种扶贫济困的公益慈善事业,为构建社会主义和谐社会尽一份应尽的社会责任。"企业的发展得益于社会,理应回报社会。"这是他创办企业以来一直坚持的信念。因而从企业创立之初,王酉春就开始积极投身于公益事业中,如为木渎残疾人善爱之家捐款、支持"助学志愿服务"项目、组织"阳光驿站"爱心活动等。他用自己的言行诠释了一个企业家该有的担当与责任。

三、关于未来,用智慧连接城市的方方面面

朝阳股份现在主要涉及的领域包括建筑智能化规划咨询、工程设计、系统设备采购、工程施工、项目管理及运行维护增值服务等。目前,公司已经在建筑智能控制系统工程的设计、施工和服务及计算机应用软件开发系统集成等领域取得了优异成绩。

提及公司未来,王酉春表示:"建设智慧城市,是转变城市发展方式、提升城市发展质量的客观要求,也是实现城市可持续发展、引领信息技术应用、提升城市综合竞争力的关键。公司在未来将积极拓展智慧城市建设产业链,将城市中的水、电、油、气、交通等公共服务资源信息通过互联网有机连接起来,更好地服务于市民生活、工作、医疗等方面的需求。同时,公司也将积极拓展智慧水利业务,使得水

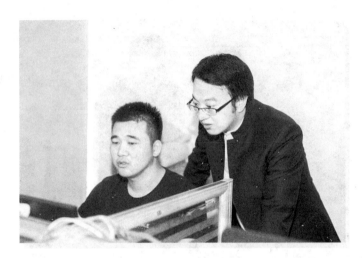

务企业生产运营的智慧管理、监管、调度及应急处置等需求得以满足,实现信息资源共享及管理、科学调度明智决策、综合调度管理三个层次的目标,提高资源利用率。"朝阳股份将奋力抓住智能化市场发展的大好时机,根据市场发展需要,进行大量的研发,在技术和管理上不断创新,争取在不远的将来,把企业做成创新领导型企业,成为中国最专业的智慧城市解决方案提供商和建设运营服务商。

对于那些想要自主创业或正在创业的年轻人,王酉春想告诉他们的是:在创业过程中,宽厚待人、真诚做事才是企业走向成功的基石。年轻人应该始终保持一颗谦虚好学的心,不断挖掘自身的潜能,只有这样,才能更好地为担负和实现把公司做优做强、让员工有安全感和归属感的责任和目标。

在这个拥抱互联网的时代,王酉春不骄不躁,坚持做自己,不为他人所动。他秉持着儒雅持重、博爱宽怀,脚踏实地、诚实有信,兼容并包、志存高远、开拓创新、锐意进取的精神,将这笔可贵的精神财富用于推进苏州产业转型升级之中,在经济社会发展中起到了很好的引领作用。

王酉春始终认为,生命里总有些东西要一直坚持,比如建造他的智能化王国。而他身上那种不张扬的沉静之力和一以贯之的坚持,相信定会给他带去最好的回馈。

(执笔人:张东润)

脚踏实地　感恩前行

车红岩

苏州市安防协会副理事长
杭州海康威视数字技术股份有限公司苏州分公司总经理

2018年，是杭州海康威视数字技术股份有限公司（以下简称"海康威视"）苏州区域负责人车红岩来到苏州的第六个年头，也是海康威视落地苏州的第六年。而今，原本只有四个人的苏州办事处发展为预计人事规模超80人的海康威视苏州分公司，车红岩说，自己是幸运的。

一、"海康"十一年——时刻准备着

不安于自己原有专业的局限，凭着对电脑技术的兴趣和热爱，机械专业出身的车红岩，开始寻求突破和转型。当时二十出头的他，对于行业选择并没有做过多的考虑，只是和很多年轻有冲劲的同龄人一样，找一份工作证明自

己的能力,打破原有的格局。但让他没想到的是,误打误撞进入这一行的自己,从2006年加入海康威视开始,一待就是十一年。

那时的中国安防业,还处于起步阶段,行业整体体量不大,从业人员和使用者也不多。但"9·11事件"之后,国家科技强警战略需求逐步扩大,再到后来建设"平安城市"成为重要议题,现在的"智慧城市"建设号召和广大个人用户对安防行业的需求,使安防行业在较短的时间内得到了蓬勃发展。从原本国际大品牌的产品充斥业界到如今以海康威视为代表的国内品牌占据安防行业主要市场,身在其中的车红岩,见证了国产品牌的快速崛起,万分自豪。

忙碌是车红岩的生活常态,尽管希望工作和生活能完美平衡,但也深知自己所在行业变化发展之快,用他自己的话来说,"只能尽力活在当下,珍惜现在,不负好时光"。每次陪用户去总部参观,车红岩都能看到研发人员办公座椅边上备着一张躺椅,那是员工为加班准备的。晚上十点前的海康威视一定是灯火通明。苏州分公司的同事也不例外,常常加班给客户配单,与客户沟通方案。2009年,车红岩与团队为争取一个重要项目,在做项目产品测试的十多天里,与同事们每天调试设备至凌晨三点,早上七点再前往项目地查看效果,以便做出进一步的调整。"很辛苦,也很值得。"车红岩说。后来成功拿到项目，几年下来与当时的客户成了朋友，这时才得知，当时客户选择海康威视，是因为完全没有想到国企的员工可以这样尽职尽责。尽管当时产品不够成熟，但团队认真负责的态度让客户愿意一试。也正是客户的信任与选择，为之后类似项目的成功开了一个好头。

从一开始做销售，到现在渐渐担起管理工作的重担，车红岩也一直在摸索、成长。海康威视总裁胡扬忠来分公司时，他问胡总，如何做好管理？胡总留下的八个字——"球星、队长、教练、领队"，让车红岩至今记忆犹新，即从把自己的业务做好、成为一个团队的领导者凝聚整个团队，再到教别人如何去做去想，将整个组织系统地运作起来。在苏州这几年的打拼中，车红岩渐渐理解到这八个字的精妙内涵，它代表着自己在成长阶段承担的不同角色，也预示着一个好的管理者需要具备的高素质、高水准。

随着安防产品市场竞争的加剧，用户、客户对安防产品和解决方案提出了更高的要求，只有不断更新自身的知识储备才能适应变化、迎接挑战。除了做好服务客户的工作之外，他下班后还要参加更多的培训来丰富提升自己。车红岩经常用《钢铁是怎样炼成的》中的话自勉："人最宝贵的是生命，它给予我们只有一次，人的一生应当这样度过：当他回首往事时，不因虚度年华而悔恨，也不因碌碌无为而羞愧。"

二、落地苏州——有苦更有甜

2012年10月，海康威视在苏州成立办事处。当时车红岩和团队一行4人工作、办公和住宿都在一个民宅中。到2018年，办事处的人员规模已接近80人，并已注册成立了海康威视苏州分公司，成为苏州本地的公司。公司落地之时，苏州安防行业，特别是监控行业，正经历着由模拟向数字时代的转变，正值行业发展的关键年。而模拟监控行业一直是国际品牌占据优势，特别是在公安和金融两大业界，大部分用的是国际品牌的摄像机。海康威视推出摄像机时，市场认可度并不高。直到2010年，海康威视与其他两家国际品牌同台竞标，并一举拿下上海世博会的全球数字摄像机的第一大单，才渐渐积累起市场认可度。当时的苏州办事处也不断扩大规模，提升服务水平。经过三四年的扎实积累，前端数字摄像机有了一定的市场。同时，凭借过硬的产品质量和用心的配套服务，海康威视很快打入了公安和金融行业，这也为后来成立分公司奠定了基础。

恍然之间，已过六年。在正式成立办事处之前，这个土生土长的东北人对于开拓苏州市场，完全是一个新手。领导当时送了车红岩一句话："你要做苏州市场，必须了解苏州的文化和苏州人的做事方式。"几年下来，同事觉得车红岩不再像北方人了，他的思考方式、领导风格、管理方法都在渐渐转变，并努力在团队中营造"包容、开放"的集体决策氛围，与大家一同探讨最优解决方案。诚如车红岩所说："融入苏州，服务好用户、客户是我们苏州海康每个人的信念。"

从海康威视落地苏州的第一天起，车红岩就一直战战兢兢、如履薄冰，"什么样的成绩才能与总部的期望匹配？我们现在做到哪个层次？能不能做得更好？我一直在脑海里反问自己"。车红岩不敢懈怠，一步一个脚印踏实去做、去解决问题，"既然领导相信我，我就要像农民一样把地种好"。

工作上遇到困难实属常事，让他备感欣慰的是，遇到了一群并肩作战的兄弟、包容理解的客户，同时也得到了相关政府部门领导、苏州市安防协会的认可和接纳。说起几年下来的最大收获，便是在苏州拥有了一大批相互信任相互支持的合作伙伴。也正是这些来自四面八方的帮助和支持，海康威视才有了生根发芽的土壤，有了蓬勃发展的养分。

车红岩自己也经常参加苏州市安防协会的很多活动，让他印象最深的是"星级诚信单位评定"活动。从最初的想法到后面实实在在地落地，相关政府部门、协会领导和专家都投入了大量精力。对于身在行业中的人来说，他更直接地感受到了诚信工作落地实施以来的效果。无论是企业还是用户，都更愿意选择信用好的集成商和产品。从长远角度来说，评定活动对于整个行业的良好发展也是大有益处的。"协会对我们来说，就像娘家人一样，为我们这些安防行业的企业服务、解决问题。"新的一年，他希望安防协会能够继续与其他行业协会建立更多的合作联系，也更期待苏州市安防协会成为苏州各协会的样板、全国安防协会的样板。

三、苏州海康——见远，行更远

苏州之所以能够成为全国地级市里成立分公司较早的区域，正是因为海康威视总部深刻认识到苏州的影响力和发展潜力，对苏州投入了最多的资源，对创新技术快速反馈以及在各方面提供有力支持。越

来越多项目的样板在苏州首先出现,每周都会有不同的总部同事来苏州,支持销售、技术方面的工作,与客户进行交流。未来,海康威视将会有更多的新业务在苏州展开。已经在苏州成立的海康机器人办事处,将解决企业生产线上不合格产品的检测问题,帮助企业实现自动化物流,减少更多的人力成本;即将推出更多的智能家居产品服务(指纹锁、猫眼、家庭监控、报警系统)个人用户;当然还有现在比较流行的汽车电子等其他方面。在产品与解决方案中寻求创新的路上,海康威视始终保持着自己的核心竞争力。每年投入研发的资金占年营业收入的7%~8%,全国五大研发基地,近万名研发人员深耕产品一线,这也是全球安防行业中绝无仅有的。

秉持着海康威视的核心价值观——"成就客户,价值为本,诚信务实,追求卓越",车红岩严格要求自己与团队伙伴,力争为苏州用户和客户提供更多更好的产品、解决方案和服务。所有的工作计划都有一个共同的立足点,即在提升用户和客户满意度上持续改进。2018年下半年,苏州海康改善了工作环境,希望有更多的客户、用户到苏州海康进行交流,通过真诚对话,了解海康还能为他们做些什么。为此,车红岩带领团队制订了面向客户和用户的阶段性交流方案,目的就在于让用户、客户第一时间得到自己所需的服务。

"见远,行更远"是海康威视一直以来的口号。"见远"正如海康威视现在所做的,通过把AI技术与安防、物流网产品及很多其他方面相结合,让它们成为智慧之眼,让万物有了"看"的能力,成为人类视觉的延展。同时,也让智慧之眼具备一定的思考力,能处理复杂信息,为企业提高管理效率,为政府提供建设依据。安防行业的各类智能产品可以为"城市大脑"提供更多有用、有价值的信息,如图像、图片、报警、人员身份信息等,在"见远"的道路上"行更远"。

车红岩认为,未来的安防行业,将会有更多AI产品的运用。从阿尔法狗战胜韩国围棋棋手李世石开始,人们对AI有了新的认识。海康威视也一直在做此方面的积累。AI与安防的结合,让前端感知的信息更多,让使用者和管理者更方便。在人脸通道和人证比对设备上,利用深度学习算法,在传统人员通道上加入人脸识别摄像机,这就是AI

和安防产品结合的最好例子。人证比对设备在诸多领域都有应用，可以识别持证人与所持证件是否一致，将信息上传到公安机关，使执法

人员能够更加准确、快速地找到违法人员并及时做出反应。"智慧城市"对大数据和云计算等技术需求明显，海康威视也提出了更实际、更符合用户的 AI Cloud 方案，即"IOT-基于神经网络的认知计算系统——海康 AI Cloud 框架"，通过"边缘感知，按需汇聚，分级应用，多层认知"，让用户用得更好。同时，C 端用户的需求也会得到快速增长。随着生活水平的提高，人们对生活品质、安全方面的需求越来越大，智能家居也因此成为越来越多个人用户的选择。除了产品本身外，是否具有配套的专业维修保护和售后服务是很多用户关心的问题，而安防行业的维修和服务专业化是各家企业竞争发展的方向之一。

中国的安防行业目前已是世界排名第一，2016 年年底的"全球安防 50 强"的调查报告中，海康威视已跃居全球安防行业首位。海康威视将与中国安防行业齐头并进，砥砺创新，为中国安防事业乃至世界安防事业添砖加瓦。

人生总会面临低谷和高潮，车红岩把这些当成一种生活、工作的

积累，他说："顺境时的我们不能忘本，逆境则能锻炼我们的意志。"偶然进入安防行业的他，遇到行业蓬勃发展的良好时机，进入海康威视这个不懈奋斗、开放创新的公司，来到苏州这个具有发展潜力且包容创新的城市。一路走来，车红岩庆幸自己身边有这么多不辞辛苦、一起战斗的兄弟，一直理解、体谅自己和团队的苏州客户与用户。除了感谢外，就只有"为他们提供更优质的服务来回报"，车红岩如是说。

善见者善知，善知者善行。对于车红岩来说，阅历愈多愈丰富，理解和感悟越多，才能走得更远，离成功更近。车红岩希望自己能在管理工作中有更好的感悟和积累，与苏州海康一起迈向更好的未来。

（执笔人：索士心　张东润）

不愧于心　不止于行

周丽明

苏州市安防协会副会长
苏州工业园区保安服务有限公司总经理

不大的办公室，两张办公桌，一个大书架，大大小小12盆绿植，这是苏州工业园区保安服务有限公司总经理周丽明的办公点之一。"平时也爱摆弄一些花花草草，但是因为太忙，（它们）都要干死了。"周丽明笑着说道。"平时一、三、五在园区，二、四在市区"，周丽明已经习惯了两边跑的工作模式与节奏。

一、顺势而为，内外皆省

"随着科技的发展，在新时代大数据环境下，传统安保中大量的人工值守工作会逐渐被技术取代。站岗的、巡逻的传统安保人员数量会逐渐下降，留下的也将转化为特种行业。"AI、大数据等科技浪潮将传统人防置于前所未有的危境，周丽明置身行业一线，也在深刻地感知着安防行业的瞬息万变。"如果自己不主动改变，顺应时代潮流，就只能被时代淘汰。"

目前，苏州已有200多家保安公司，保安市场越做越大，安防的概念也越来越广，传统的人防已经难以满足行业需求。"人防+技防、人防+物防"成为市区、园区保安服务公司未来发展的一大重点。

"人脸识别系统、联网报警平台、可视化综合报警系统等依托于大数据环境下运行的综合安保模式应运而出，此模式将人防、技防、物防优化地结合起来，形成完善的防控体系，使技术防范更加智能化，也能使我们公司的管理更加科学化。发展人工智能条件下的安保服务，需要我们开阔视野，引进新技术和引进专业技术人员。"

人防服务是苏州工业园区保安服务有限公司的主力核心，也是基业根本，但公司从不止步于此。公司在做精传统人防业务的同时，致力于物联网远程监控、消防远程自动监测、110联网报警、道路监控抓拍、小区安防建设、停车场管理等智能化系统的开发应用。业务范围涵盖了工程技术咨询设计、安装集成、售后维护等各个方面，服务单位近200家，涉及党政机关、金融机构、中外企事业单位、学校、居民小区等，初步实现了从单一服务型保安公司向社会公众安防平台供应商模式的转型。"保安服务业还是要多元化经营"，除了基础保安服务外，物业服务、仓储物流服务、大型活动服务，以及随着发展"互联网+"安保服务新模式，进行人防、技防、物防全包的一条龙服务，将是园区保安服务公司一步步探索发展的目标。"安保将会渗透到每个家庭和个人。"周丽明如是说。

公司依靠雄厚的技术实力和优质的服务，赢得了社会各界的肯定。1999年，公司被授予"苏州工业园区1998—1999年度文明单位"称号，2000年荣获公安部、全国总工会、共青团中央颁发的"首届全国先进保安服务公司"称号，2003年获得"苏州工业园区2002年度先进集体"称号，2005年获得"2004年度全市创建平安单位先进集体"称号，2012年获得"苏州工业园区2011年度安全稳定工作先进集体"称号，2014年获得"江苏省优秀保安服务公司"称号，2016年获得"苏州工业园区平安创建活动先进集体"称号，2017年被江苏省保安协会和苏州市保安协会分别评为"江苏省优秀保安服务公司"和"苏州市优秀保安服务公司"。

二、专注于人，不忘初心

在向技术转型的同时，"以人为本"始终是保安公司的另一大发展理念。诚如周丽明所说，保安这一职业在传统眼光看来，可能社会层次比较低，但新时代环境下，保安员也需要

有很多新型的行业技能。传统保安员可能只是承担巡逻检查等任务，而现在，往往需要其能够同时具备使用安防产品技术、消防等其他方面的安防相关技能。持岗上证已经是标配，想要往更好的层面发展，还需要具备更多的资格证明。"在人员培养上，我们也很下功夫。"周丽明说。每年年终，公司会评比出优秀保安员，并推荐到省、市的保安协会进行省、市级优秀保安员的评选，这一方面是对工作突出的保安员的嘉奖与鼓励，另一方面也是弘扬一种积极向上、爱岗敬业、服务社会的核心价值观。

目前，保安行业竞争激烈，作为国有企业，在企业效益上有时候往往竞争不过民营的保安公司。由于市场的自发性与盲目性，同行之间恶意竞争的现象时有发生。周丽明能做的，就是带领公司以身作则，尽管现在仍然像是"在夹缝中求生存"，但她始终认为，作为国企，作为苏州保安服务业的"老大哥"企业，要带头承担起社会责任，更多地关注社会效益。目前，苏州市保安服务公司及园区保安服务有限公司也是苏州市少有的几家全员参保的保安企业。做好员工的后勤福利工作，是企业凝心聚力的不二选择，更体现了企业主动担起社会责任的魄力与良心。

在急功近利的大环境中，在不规范、不诚信现象仍存的市场激流中，市区、园区保安公司都在身体力行，把握好企业的航向，并以更高、更严格的要求，带领员工、身处人防一线的保安恪守本心，诚信

做事。"保安这一行业，最讲求信用二字。"园区保安公司既是诚信认证企业，也在2017年年底获评四星级诚信单位。诚信已经成为选人的底线，从源头上把握好员工素质已经成为园区保安公司的一大准则。在服务甲方的过程中，倘若出现失信行为，公司也会做出相应处罚，绝不姑息。

"保安服务业是一个伟大的事业"，周丽明虽然自己并非从事一线安保工作，但看到了很多优秀的保安人员在危机时刻的出色表现，他们展现了极强的心理素质和快速的反应决策能力，周丽明从心底里尊敬并感谢他们，"他们是维护治安稳定不可缺少的社会力量"。"辛苦、不被人认可、薪资水平普遍较低"的保安服务工作，随着现在市场的开放，发展前景也愈加广阔。"我们公司立足于苏州，保安服务已跨越江苏省，发展到服务全国，目标是将来能走出国门，提供涉外安保服务。"

三、脚踏实地，安稳扎根

周丽明形容自己是一个"安于现状"的人，年轻时做一份工作，就不喜欢跳槽，也想过在同一个单位待到退休。"只要在这个岗位上一天，我就履行好自己的职责，承担起责任，给年轻人起个表率和带头作用。"或许是这样看起来不争不抢的随和处世态度，让她在安防之路上一走就是十四年。

如今，周丽明在市保安公司负责党建工作（党支部书记）与综合部管理（行政、人力资源）工作，在园区保安公司全权分管所有事务。园区、市区两边跑，没时间照顾家里，更没时间摆弄自己喜欢的花花草草。"比起其他那些企业老总，我不如他们的。"周丽明提起自己的工作，谦虚地笑了笑。

"其实我喜欢做的事蛮多的，喜欢听音乐，喜欢戏曲，喜欢种花草，也喜欢养大型工作犬，喜欢看谍战大片，也喜欢弹琴、书画，但由于时间不允许，有的只好等退休后去做了。"

好在家里人对她的工作很支持，爱人在耕耘自己的书法事业，女儿也已经步入工作岗位，为自己省去很多后顾之忧。"特别忙时早出晚归,甚至几天不照面。"有时要出差很久,家人也会开玩笑地说她把家当成旅馆了,但从来没有抱怨过她工作忙。家人的理解给了周丽明很多精神支撑,而周丽明也安心扎在工作中,带领着园区保安公司稳健地迈向未来。

回望起步至今,非技术出身的她,一点点摸索人力资源的管理经验。说起事业的起步,周丽明提到最多的就是自己的老板——林松(苏州市特种守押保安服务有限公司董事长、苏州市保安服务公司总经理、苏州工业园区保安服务有限公司董事长)。林松的知遇让周丽明走入安防行业,跟随着他,周丽明学到了很多管理经验,"他可以说是保安界的大哥大,对我工作上的支持和信任也成为我要有所担当的动力"。

现如今的岗位,尽管仍然属于行政类,但周丽明深知企业的专业属性,安全技术防范又是保安服务业中不可缺少的一部分。"刚接触技防的时候,完全是个外行,什么都不懂",小到人员设备,大到技防工程,对于文科出身的她来说,无疑都是陌生的。而现在,说起公司负责了哪些大型项目、支持了哪些公共安全事业,周丽明已经是头头是道。

四、感恩当下,寄望后生

她是员工眼中的"知心大姐","对谁都是笑眯眯的"成为员工对周丽明的普遍印象。"大家愿意把工作上遇到的不快和想法与我沟通,我也愿意耐心地倾听他们的诉求,进行开导。"但同时,讲究"一碗水端平"的她在工作中也会扮演"铁面包公"的角色,"对工作中需要处理的事情,做到公平公正是很重要的"。

从事人力资源方面的管理工作这么长时间以来,周丽明最在意的是一个人的上进心和责任心,"我遇到的大学生求职大多图个安逸,喜欢轻松、工资高、离家近、最好坐坐办公室的工作,但是往往理想美好现实残酷"。当下正处于毕业季,周丽明也对即将迈入工作岗位的大学生提出了自己的建议。她希望大家找一个适合自己的工作去基层积累实践经验,踏踏实实而非好高骛远。这些经验,就是日后发展和晋升的资本。在基层工作,在周丽明眼中,不仅是一个锻炼的过程,更是一个试错的过程,有助于找到更适合自己的理想工作。考虑好"我能做什么""我想做什么""单位需要什么",多跑人才市场,多去看、去见识,在工作中有意识地培养自己独立工作、团队合作的能力,"平时基础的工作一定要做好,需要的数据和资料能随时拿出,那么哪怕你上班玩手机,我也不会计较"。

安防行业的发展日新月异,"不仅技术要跟得上,人员也要跟得上",周丽明期待有更多的优秀人才加入公司,也对后辈给予很高的期望。加入苏州市安防协会以来,周丽明更加感受到了安防行业蓬勃的发展生机。园区保安服务公司作为协会的副理事长单位,也十分支持协会工作,只要没有特殊原因,周丽明尽量参加协会举办的每一次活动与会议。让她印象最深的是,协会每次召开理事会或是其他一些会议,只要有机会都会选在会员单位公司召开。"大家有机会相互参观和交流业务,共同探讨安防领域的新技术、新产品。协会的桥梁作用发挥得十分到位。"周丽明说道。每年的安防年会,也是苏州所有安防企业的盛会,这个平台,让大家更便于学习交流。

以不变应万变,不忘初心,以人为本;顺势而为,内外皆省,迎头赶上。园区保安服务公司正以积极的姿态迎接新时代、新形势,周丽明也有信心与公司齐头并进、互相成就。

电话时不时响起,周丽明很快切换状态,投身工作。她很满意自己现在的生活状态,虽然忙碌却依旧想着在现在的工作岗位上努力做到更好。"等退休后,就想回归田园生活,种种花,耕耕地,收收菜,做自己喜欢做的事,这可能也是大家所向往的生活吧!"

(执笔人:索士心　张东润)

以人为本　率先探索
转换思路　贡献社会

蒋文贤
苏州市安防协会副理事长
松下系统网络科技（苏州）有限公司副总经理

在松下系统网络科技（苏州）有限公司（以下简称"苏州松下系统"）的接待室墙上，挂着一幅黑白照片。副总经理蒋文贤说道："1979年，邓小平副总理会见了日本松下电器产业株式会社的创业者松下幸之助先生，这照片就是当时所摄。"

提起松下电器，更多人想起的是松下的彩电、冰箱、洗衣机等品质过硬的家用电器。然而，作为一家百年日资企业，松下电器与中国的渊源远不止这些。

1987年，松下电器在中国大陆成立第一家合资公司——北京松下彩色显像管有限公司，由此开启了松下电器在华投资建厂的高潮。在华辛勤耕耘四十载，松下的足迹

已遍及零部件、家用电子设备、电器、FA（Factory Automation，工厂自动化）设备、通信设备以及住宅相关设备等的生产、销售、服务及解决方案提供等诸多项目，下设家电冷热设备公司、互联解决方案公司、环境方案公司及汽车电子和机电系统公司四大事业领域公司，在诸多领域实现了松下产品的中国制造，为改善中国人民的生活做出了卓越的贡献。

1994年，松下电器在苏州地区的事业起步。1995年，苏州松下系统的前身——苏州松下通信工业有限公司成立，业务主要面向安防市场的安防监控产品。目前在苏州，松下电器已拥有了12家投资公司，在电子材料、安防产品、工业控制产品、SMT设备、电子产品研发、商业空调销售等领域各有专攻。

一、以人为本：开放式管理

2018年，成立于1918年的松下电器迎来了百年华诞。2018年，也是蒋文贤加入松下的第24年。1995年，计算机专业出身的他，是苏州松下系统第一批技术人员，在最初的近五年中，蒋文贤认真钻研松下的技术，顺利从日本松下引进100多种产品在苏州工厂生产，从中消化吸收了松下先进的技术，为后来苏州松下系统的产品研发奠定了基础。

安防行业近年来发展势头迅猛，在技术快速发展、市场瞬息万变、人才流动性大的背景下，蒋文贤没有选择离开。"我喜欢松下"，蒋文贤说道，松下"以人为本"的理念、注重企业承担社会责任的理念等，是自己在松下安身立命二十载的最根本原因，也是最充分的理由。松下电器的创业者松下幸之助先生用毕生的行动践行了这一点，每一代松下人始终坚持着不变的理念：恪守产业人之本分，努力为当地的社会、文化生活改善做贡献。

时间再追溯到1978年，中国拉开了改革开放的序幕，时任副总理邓小平访问日本松下电器，向创业者松下幸之助先生发出了"能否为中国的现代化建设帮点忙"的邀请。第二年，松下幸之助先生应邀到访中国，与邓小平副总理再次会面，并提出了支援中国电子工业发展的构想。自此,松下正式进入中国,开启了轰轰烈烈的中国事业,同时也为中国电子工业的现代化发展做出了重大贡献。蒋文贤说道:"如果没有松下的帮助,中国的电子工业发展可能还要再晚一些。"

在过去的40年里,多位时任国家领导人先后访问日本松下电器,松下与中国结下了不解之缘。松下电器始终秉承着"企业是社会的公器"的理念,在华开展事业的同时,始终没有忘记在中国支持公益事

业,在教育(松下育英基金、松下奖学金等)、环境(儿童环境教育、松下公益林等)、体育(赞助北京奥运会、乒乓球大赛等)、扶贫(松下图书馆、自闭症儿童关爱、捐赠捐献等)等方面开展公益活动,尤其是在保护地球环境方面,松下电器推出了环境愿景2050:面向"更好的生活"和"可持续的地球环境"的协调并存,借力清洁能源,以更加舒适的宜居社会为目标。

"在松下,每一名员工都是老板,是自主经营的独立个体。"蒋文贤说道,自己提倡"开放式管理",希望能够通过提供宽松、自由的工作环境,充分发挥员工的自主创新能力,而松下的理念也正是如此。经过安防技术领域二十多年的磨炼,从早期的技术岗位到如今的管理岗位,回忆起工作上遇到的最大挑战,蒋文贤表示:"不是现在,而是早期自己在做技术研发的过程中,由于思维方式、所处环境的不同,

自己站在中国市场的角度所提出的方案，往往在掌握最终决定权的日方代表处难以过关，甚至也会起争执，但好在通过坦诚沟通、相互协商，双方最终能够达成一致。"

安防行业的人才需求极大，而对于人才选用，尤其是对刚走出社会的年轻人，蒋文贤始终认为，只有当个人的价值取向需要与公司的企业文化相契合，才能在工作中更加诚恳、信服地投入及创造。"松下的起薪可能不是很高"，但松下的精细化管理、对员工成长的关怀是一种"隐形价值"，给留住像蒋文贤这样的"元老"以及吸引更多的新鲜血液加入注入了动力。

二、率先探索：SMT 智能生产车间

早在 1994 年便落户苏州的松下电器，目前在苏州已经拥有 12 家投资公司。而苏州松下系统也一直在努力尝试，在 2018 年这个特殊的百年纪念时期，交出了满意的答卷。通过展厅的新产品陈列与信赖性试验室的现场演示，苏州松下系统接待了更多的客户，向客户全面展示产品的性能优势；通过提升产品品质与商品影响力，满足客户的全方位诉求，苏州松下系统赢得了更多的项目。

作为制造型工厂，苏州松下系统虽然目前没有设计产品的研发机能，但工厂拥有一支约 30 名员工的技术团队，以不断提高生产效率和提升品质为宗旨展开了一系列的技术改造活动。通过引进世界最先进的智能 SMT 生产线，既提高了 SMT 生产效率，又提升了品质，完成了 SMT 生产线的智能化技术改造，同时对生产线调整检查设备也实施了自动化技术改造。

《中国制造 2025》明确提出加快推动新一代信息技术与制造技术的融合发展，把智能制造作为信息化和工业化深度融合的主攻方向，在重点领域试点建设智能工厂及数字化车间。SMT 生产线是电子制造工厂的核心设备，建设 SMT 智能车间也因此成为电子制造工厂实现智能化的突破口。作为视频监控系统生产厂家，一方面产品生产难度越来越高，另一方面市场的多样化和个性化需求使生产厂家不得不面临多品种、少批量生产模式；此外，人力成本不断增加，以往的管理模

式已遇到了瓶颈。因此，要改变电子制造业面临的现状，只有进行生产变革，推动智能制造。

为此，苏州松下系统联合苏州松下生产科技公司以及松下电器机电（中国）有限公司共同构建SMT智能车间方案，率先成为国内电子制造工厂开展SMT智能化实践的工厂。通过实现设备和设备之间的智能沟通、整线自动产品切换、现场设备与智能仓库对接、SMT车间设备与系统的对接等技术革新，实现生产材料自动供给、车间管理实绩的实时可视化等智能化目标，生产能力提升了22%，人力削减了28%，品质提升了33%，机种切换速度提升了64%，大幅提高了生产效率和品质。

目前，该SMT智能生产车间正在申报江苏省示范智能车间。建成至今，已有包括富士康公司在内的50多批近500名电子制造行业的客户专程前来考察，客户纷纷表现出了浓厚的兴趣，对设备的智能化程度给予了高度的评价。这不仅为苏州工厂自身的发展奠定了坚实的基础，也为苏州地区乃至全国的电子制造企业在SMT领域起到了很好的示范作用，更在无形中给电子制造行业SMT设备的转型升级换代提供了很好的范本。预计未来几年将会迎来SMT设备转型升级的技术革命，使得SMT行业的智能化水平更上一个台阶。

三、转换思路：解决方案"打包"销售

苏州松下系统转换思路，不再只是提供单一的产品与服务，而是以日系制造业顾客为中心，先后推出了静电可视化移动台车、人体静电检查综合管理系统、视频追溯系统、灰尘可视化系统等综合性解决方案。

在苏州松下系统工厂区域内，还设有一家独立的松下中国研发中心，专门为客户量身定制各种智能化的系统解决方案，为广大电子制造企业的智能化升级改造提供了独特的解决方案。

以静电可视化移动台车为例。其通过前端静电传感器与摄像机联动，实现静电传感器与视频联动，根据异常数据报警记录调取当时录像，快速查找原因，从根本上改善作业中不良的发生，提高生产制造中产品的合格率。蒋文贤表示之前从来没有过这样的产品。产品上市之后，受到了诸多厂家的青睐，销量稳步上升。

再以人体静电检查综合管理系统为例。通过人脸识别或员工卡自动读取员工信息，人体静电检测过程视频记录，检测结果自动统计，检测结果与视频自动关联，并在大屏显示器中集中显示出来。对于静电检测不合格人员，可及时进行报警预警。点检记录可历史查询，并可自动生成日报、月报等以邮件形式发送管理者，从而大大提高了静电点检的正确性，提高了管理效率。

松下在安防领域的生根发芽，从1957年的黑白真空管监控摄像机产品到后来的监控系统、监控服务（云），已经成长为具有六十多年经验的老牌安防企业，苏州松下系统至今也创立有二十余载了。作为老牌的日资品牌，虽然在价格上难以与市场上的大众安防品牌展开竞争，但松下始终以质量优先贯穿于整个制造过程，同时充分利用日本松下总部的技术优势，推出各种能满足特殊行业多样化需求的综合解决方案产品。2017年，松下对安防产品的整体平台进行了刷新，推出了i-PRO EXTREME系列产品，具体可以用五个"超"来概括——"超安全、超智能、超压缩、超耐久、超传感"，进一步彰显了产品的核心竞争力。以目前备受关注的视频网络安全为例，松下通过密钥技

术三道防线严防视频资料外泄等问题，在政府等安防系统市场占领份额；再以广泛被运用的人脸识别应用为例，松下利用自身独特的传感技术，在人脸识别技术领域处于领先地位。

自加入苏州市安防协会以来，蒋文贤参加过协会各类大型活动，也随协会秘书长王坤泉前往西安、青海等地考察交流。作为苏州市安防协会一分子，他深刻地感受到协会对推动地方企业发展的重要意义。蒋文贤表示，安防行业作为一个蓬勃发展的朝阳产业，更需要协会在统筹资源、统一规范等方面起到牵头作用。看着苏州市安防协会"引进来"，学习借鉴其他协会的成功经验，"走出去"，带领苏州市安防企业走出家门、拓宽发展思路，诸多工作都走在全国众多安防协会的前列。苏州松下系统作为安防协会副理事长单位、中外合资企业，也会尽全力配合好协会工作，在协会的统一领导下协同发展，共创安防行业辉煌。

（执笔人：索士心　张东润）

为建筑赋能　为智慧启航

席文兆

苏州市安防协会副理事长
江苏云航信智能科技有限公司联合创始人

"现在的生活就是我的理想状态。"当被问及现在的生活和工作状态时，没有过多赘述，席文兆这样作答。放眼望去，他的办公室相当简洁，正如他说话做事的风格，唯一的装饰物就是挂在墙上的一幅书法作品——"风华正茂"，这是他对自己始终不懈学习与奋斗的一种勉励。

一、立足本土，心无疆界

云航信智能科技有限公司（以下简称"云航信"）于2005年在苏州成立。十多年来，公司逐步在深圳、广州、珠海等地陆续合作成立了生产或提供智能楼宇控制产品、智慧能源管理系统、智能芯片软件的企业。作为一家以智能化系统工程为主的综合性集成商，云航信致力于计算机网络系统集成、智能楼宇、住宅小区智能化管理系统集成等信息管理系统工程建设，积极为客户提供从咨询、规划、设计到施工、维护全过程全方位的服务，为用户提供系统、先进、可靠、实用、高性价比的智能化解决方案。目前，云航信的业务涵盖了全国30个省、市、区，并开拓了中国香港及新加坡、菲律宾、越南等境外市场。

作为一家在苏州成长起来的本土企业，云航信深耕苏州市场，见证了十几年来苏州安防行业日新月异的变化，深刻地感受到周围环境的改变。在2015年经历过一次更名之后，云航信对其人员组成、部门设置、组织架构等均进行了适当的调整。席文兆和他的团队始终在这些变化和发展中，审慎地观察，不懈地创新，调整着自己的步伐和方向，以期让公司更好地适应整个安防行业的发展。

苏州是个集深厚的文化底蕴与繁华经济于一身的城市；是个既传统又现代，既古老又年轻的城市；是个虽具有2500多年的历史，却处处散发着创新的生机的古城。作为一家土生土长的本地企业，这样"古与新"的融合在云航信中也彰显得淋漓尽致。就云航信本身的业务来说，除了完成一些必要的指标及定量任务外，公司还承载着其他两家公司产品和项目的试点功能。这样的试点功能，可以使软件产品信息在公司内部得到有效的第一手反馈，从而更加快速地针对市场做出回应，使产品和服务更符合用户的预期和需求。就公司员工而言，云航信人有着不变的理想信念与价值追求，也有着锐意创新、敢为人先的闯劲。"所有人都要在尝试中不断试错，在积累经验的过程中找到新想法、新出路。"席文兆如是说。

然而，立足本土并不意味着局限于苏州这一隅天地。在密切关注苏州本土市场的同时，席文兆带领他的团队时刻关注着全国乃至国际安防行业的最新科技，捕捉着行业的最新动态风向。2019年10月，席文兆随苏州市安防协会赴北京国际安防展进行参观，"此行接触了国内外许多领头的安防企业，了解了业内的尖端科技，真的有很大的启发"。特别是在AI智能化和芯片开发方面，席文兆深深地感受到了安防智能化产业升级的大趋势。他希望自己和团队能够从其他企业中得到启发和灵感,并将其应用在云航信自身工程项目的实践操作中。

目前,云航信正在深入研究 AI 技术,寻找 AI 技术与云航信当前产品业务及项目的对接点、融合点,预测 AI 未来的发展方向。席文兆说,目前云航信正在开发的硬件产品已经在尝试与 AI 技术做深度融合,希望能够让用户享受到智能科技带给生活的便捷和享受。今后,云航信还会在智能家居以及更多领域运用 AI 技术,洞察客户需求,用新技术、新思路解决新问题。

二、精准定位,综合联动

区别于其他的安防企业,云航信虽然致力于系统集成业务,却并没有将软件、工程、产品及其他所有相关业务糅合在一起,而是成立不同部门,与其他两家分公司分别承担不同的功能,明确分工与合作。"每一个业务都有不同的基因和特点,需要专业的团队负责运作。"综合集成并不等于将所有东西不加选择地堆叠在一起,专业的人做专业的事,术业有专攻,这样才能把一件事做到极致,把最适合的服务带给客户,而这也正体现着云航信"精益求精"的企业精神。

随着苏州安防市场的不断发展壮大,越来越多的外地企业甚至是外资企业入驻苏州市场,为本地的安防产业注入了新鲜的血液,同时也给本地的安防企业带来了压力和挑战。面对许多大公司的竞争，席文兆觉得中小企业要突出重围，除了坚守企业初心，不断提高自身产品和服务质量外，更重要的还是要精准定位目标受众，做差异化竞争，找到自己的核心竞争力，在泛化市场找到自己的立足之地。

如今，公司的品牌工程多种多样。全球第四家、中国第一家的上海宝格丽奢华酒店，以其对智能化施工工艺和材料品质的极致要求，以及将当代的设计风格与经典历史建筑的精妙平衡，赢得了行业内外的一致认可；无锡太湖锦绣园工程，总项目面积40万平方米，开创了无锡首个"电子管家"云系统智慧社区；公司正在施工的湖州万达广场是一个集休闲、购物、餐饮、娱乐为一体的大型城市综合体，云航信为其定制调试的慧云平台，使得建筑更为智能，管理更加便捷。

云航信通过"云+端+平台"三位一体，以"软件平台+智能硬件+智能工程"为三驾马车，坚持产业融合，赋予每一座建筑"感知与决策"的智慧大脑，在以物联网、云计算、大数据、AI技术为主的智慧城市发展趋势下，让建筑创造最大的人文价值。

云航信始终秉承着"致力于打造科技领域人人尊敬的企业"的理念，通过在安防领域多年的积累，凭借过硬的产品和优质的服务获得了行业认可和赞誉，先后获得了建筑智能化工程施工（一级）资质、安防工程企业（一级）资质、国际标准认证证书（ISO 9001）认证，被评为银行信用等级3A级、苏州市重合同守信用2A企业、江苏省质量安全信誉3A优秀施工企业。赢得了霍尼韦尔、华为、三星、海康等合作伙伴的青睐,服务过的客户包括中海地产、国信地产、华谊兄弟等国内外知名企业。

三、端然有知,张弛有度

作为企业当家人之一的席文兆,尽管非常繁忙,但仍把企业管理、工程对接、技术指导以及采购等方方面面的工作做得有条不紊。在技术出身的席文兆身上,有着技术人员惯有的严谨态度和实干精神,虽然平时为人处世宽和,但对员工和自己的工作要求严格有加。

面对当下日新月异的科技进步以及瞬息万变的环境形势,如何把握现在,怎样走向未来,什么是需要坚守不变的,什么是需要灵活变通的,席文兆心中自有答案。"不变中有变。""不变"的是公司诚信为本、精益求精、开拓创新、共同发展的初心,"变"的是与时俱进的思想、不断进取的精神。席文兆认为,唯有这样才能在复杂的环境中坚持自己,不迷失方向。

"年轻人是公司的主力军",作为一家智能化集成公司,年轻的血液和创造性的思维是公司必不可少的,它是维持公司不断前行的动力。而严谨细致、精益求精的态度,同样是重中之重。怎样把握"活泼与严肃""创意与严谨"之间的平衡,让云航信能够在发展的洪流之中乘风破浪前行,席文兆不断地追问自己,不断地深入思考。

席文兆认为，无论是过去还是现在乃至将来，人力资源始终是云航信获得竞争优势的核心所在。随着一代又一代的年轻人登上社会舞台，许多改变与挑战随之而来。如今，年轻员工在公司所占比例越来越大，为了与他们更好地相处，调动他们的积极性，席文兆会充分放权给员工，尊重他们的话语权，给予每个员工充分的独立成长机会和自主支配的自由空间，并为每一位员工提供专业化培养方案、良好的发展平台、有竞争力的薪酬并建立多样化的激励机制，助推员工们更好地融入云航信这个大家庭和苏州这座城市，加深员工的企业认同感和归属感。工作之余，公司还会组织一些娱乐和团建活动，让员工们有机会放松自己，同时也增强团队和企业的凝聚力。当今，很多安防企业面临着人员流动性大的问题，而云航信的人才稳定性比较高，这也正得益于云航信丰富和谐的企业文化，以及对员工专业化、本地化培养的重视。

在总结过去一年的工作和生活时，席兆文对我们说："如今的生活状态还是比较理想的，我也早就习惯了这样的生活工作方式和节奏——简单、忙碌且充实。"就这一年公司的发展状况而言，由于现在整个安防行业都处于上升期，公司也在沿着计划的方向稳步前进，没有什么大起大落，但平稳之中也有一些突破和欣喜。这几年公司在软件硬件以及两者配合联动等方面成长了很多。"这样稳中有进的发展状态，算是目前比较好的模式了。"谈到对未来的展望时，相较于过于宏大的愿景，席文兆更喜欢一步一个脚印地细水长流。他暂时没有重点发展某一块技术的计划，还是希望沿着公司之前的发展路径，在软件硬件、产品工程等方面齐头并进，把各方面资源有效整合，为客户实行全方位的、更精准的服务。

"学了相关的对口专业，所以在安防行业一干就是十几年。"十几年的坚守和耕耘，对于席文兆来说，已然是生活的常态。踏实而坚定地走好每一步，精益求精地做好每一件小事，不断探索和提升自己，不管是对人、对建筑还是对一个行业来说，这样执着的恪守与专注，才是真正能够经得起时间考验的。

（执笔人：夏文青　张东润）

用安全与智慧守护苏州

王冠

苏州市安防协会副理事长
浙江大华技术股份有限公司苏州办主任

"做我们这行都有个职业心病,去每个地方第一时间会抬头看下有无监控探头,有无安全盲区。"当谈及浙江大华技术股份有限公司(以下简称"大华")的安防产品的应用场景时,王冠这样和我们打趣道,"作为安防人,理念之一是'安全无处不在,思患防于未然',安防就是这样一个行业。或许你没有什么感觉,但守护就在身边,安防产品及业务已经真真实实地融入了生活的方方面面。"

王冠说,在日常生活中,我们也许早已习惯了道路上大大小小的监控摄像机,实则真正了解如何应用的应该不多,但只要说到几点,大家就会恍然:丢失车辆的追踪,走失人口的寻回,犯罪逃逸的抓捕等,安防监控的应用无处不在。还有每年的车辆违章罚款,也是安防监控在交通行为管控应用的体现,目的不是罚款,而是规范交通违章行为,确保交通安全和顺畅出行。在城市中,这些小小的"守望者"们如同一个个音符,于车水马龙、街头巷角谱写着一座城市安全的乐章。安防产品组建的是城市安全网络中的视频以及智能业务发展的脉络，它们每天在城市上方记录、守护着一个城市的平安，服务着每一个生活于此的人。

一、从无到有，从有到智

"在之前协会组织的讲座中了解到，苏州的安防历史源远流长，甚至可以追溯到春秋战国时期。但从现代定义来说，安防在中国的历史不过短短十几年，作为一个方兴未艾的产业，在中国市场有很大的潜力和后劲，更是中国现代化发展的有力印证。从'中国制造'到'中国智造'这一过程，在安防领域可以说体现得淋漓尽致。"王冠这样细数中国近代安防行业的发展情况。

十几年前，我国安防行业刚刚起步，产品大多依靠进口，没有独立的生产线，更没有核心的专利技术，整个行业可以说是一片空白。但是国无安不立，安全是一个国家的立身之本，完整独立的安防系统和安防生态，是一个国家长治久安的基石。在国家的大力支持下，在几代安防人共同的探索下，中国的安防产业在这十几年中发生了质的蜕变——从依赖到独立，从落后到领先，虽然过程并非一帆风顺，但是每一步都坚实而笃定。"如今，中国的安防产品已经做到了核心产品和核心技术的'中国化'，还在此基础上发展出了一套有中国特色和基因的、以视频领域为核心的配套解决方案。这是一个产业的进步，也是一个时代的进步。"王冠说。

如今已成为安防全球第二大品牌的大华，与整个行业一起经历了这样一个不断试错、积累、创新、进步的过程。2002年，大华以第一台硬盘录像机起家，推出了业内首台自主研发8路嵌入式DVR，此后便一直坚持自主研发，不断致力于技术创新，以葆公司的活力与热情，形成企业的核心竞争力。基于视频业务，大华还不断延伸，探索新兴智能应用，延展了乐橙护家、机器视觉、视频会议、专业无人机、智慧消防、电子车牌、RFID（射频识别）、机器人及无人驾驶等新兴视频物联业务。依托智慧安防的主线，大华在大数据安防领域深耕，不断研发创新，建立了先进技术、大数据、芯片、中央以及网络安全五

大研究院,先后申请了60多项国际专利。公司拥有国家级博士后工作站,是国家认定企业技术中心,国家创新型试点企业,并相继与UL、SGS建立联合实验室,不断做出突破性贡献,引领行业发展。2008—2018年连续11年被列入国家软件企业百强,且连续13年荣获中国安防十大品牌和中国安防最具影响力的品牌称号。

面对全球化的浪潮,大华也拥有覆盖全球的营销和服务网络。其在国内32个省市设立有200多个办事处,在亚太、北美、欧洲、非洲等地建立有54个境外分支机构,为客户提供快速、优质的服务。产品覆盖全球180个国家和地区,广泛应用于公安、交管、消防、金融、零售、能源等关键领域,并参与了中国国际进口博览会、G20杭州峰会、里约奥运会、厦门金砖国家峰会、老挝东盟峰会、上海世博会、广州亚运会、港珠澳大桥等重大工程项目。

二、智行惠享,慧视未来

谈及安防行业今后的发展,王冠认为,随着"人工智能"AI时代的到来,整个产业的转型升级势在必行。安防行业在未来将走向以人工智能为基础核心,以机器视觉、视频物联为表现方式,以智慧学习为拓展目标的发展模式。在不久的将来,机器视觉作为人的视觉延伸,安防大脑作为人的分析辅助,会在生活中承担更多业务角色,完成更细化的业务功能，与人们的生活深度融合并革命性地改变人们的生活方式。

2018年，大华推出了新型智慧城市构架——大华HOC城市之心。这是一个以"全感知、全智能、全计算、全生态为能力支撑的智慧城市发展引擎"，实现面向城市、面向行业级和民用级"一个平台、两大中心、N类应用的（1+2+N）"的新型智慧城市框架。以"智慧交通"为例，大华HOC智慧交通解决方案针对每个城市的特点和个性，建立了全面的交通数据感知体系、精准的安全保障运营体系、智慧的数据分析决策体系，并利用多维数据融合，提高决策分析能力，提升公共服务水平，创造社会经济业务价值。

在智能交通领域，大华还另辟蹊径。从智能应用到智慧学习，以智慧交通解决方案为依托，以"车"为中心进行了探索，成立零跑品牌子公司，开发"零跑汽车"；并从"无人驾驶""智慧出行"这一系列话题中衍生出未来的无限可能。"无人驾驶"作为监控领域下的一个分支，对车的"视觉"和"大脑"有着极高的要求。一辆无人驾驶汽车不仅要能够全方位地监测周边情况，更要能根据收集到的数据进行快速精准的计算，分析实时路况并排除安全隐患。大华在前期的硬件支持和数据收集无疑为"零跑"创造了决定性的优势，使这款汽车不仅是一个智能的代步工具，还是一个能够与周边环境场景进行多维联动的智慧系统，更成为一种"零污染、零拥堵、零碰撞"的生活愿景。在未来，城市的智能程度可能会大大超乎想象，依靠安防产品和技术的支持，人们的出行将拥有智能路线规划的帮助；通过实时监控和分析的城市资源网络组建，空闲的车位、地段等闲置资源将被整合利用；城市P+R（停车场+公共交通）的出行方案也会更加成熟，从而解决城市拥堵、停车难等一系列困扰人们已久的问题，使每一个人的生活更加便捷，使整个城市更加有序。

三、优化业务，普惠于民

目前，大华经营着两大市场：一是以项目、综合体等为主的专业安防，二是面向消费层级的民用安防。从传统的观念来说，大部分安防产品的专业度较高,在行业政企领域使用广泛。在十几年的成长中,大华在专业安防领域已经积累了良好的口碑,并且通过参加 G20 杭州峰会、上海进博会、巴西里约奥运会等大型安保项目以及各大安防展逐渐建立起行业辨识度和知名度。而相比之下,民用安防市场则尚未达到应用规模。王冠认为:"不管时代如何变迁、技术如何发展,安全始终是每个人最基本的需求。随着安防业务向'大安防'迈进,公共安全与个人安全领域细分,产品安防从专业扩展延伸到民用也是大势所趋。"

如今,大华旗下的"乐橙"正在积极探索民用安防市场,并推出了家庭、商铺等个人应用场景下的摄像头、门锁、枪机等民用安防产品。王冠介绍道:"'乐橙'给自己的定位是'民用智慧物联网品牌'。以'乐橙云'、智能硬件、智能技术三位为一体的业务体系则是'乐橙'为客户提供优质服务的保障。"针对民用安防产品,大华始终坚守并践行着"做让老百姓放心的安防产品"的理念,用心做产品,做好产品,致力于提高用户体验,为每个人的生活保驾护航。虽然有着光明的前景,但是民用市场面对的是数量庞大的单点用户,应用需求的多样化使得定制化及个性化的实现异常艰难,如何统一单一产品应用与庞大用户群体的个性需求,怎样将产品融入各类场景并与其他产品形成互联,怎样将需求转化成有针对性的产品,这些都是王冠和他的团队一直在思考的问题。"做民用安防产品,建立良好的生态是至关重要的。首先定位要准确,公司的目标市场、目标用户和产品的核心功能与卖点都是需要精准定位的,瞄准靶心,才能一击即中;其次是上下游的整合,只有上下游闭环完整,产品供应与服务才能达到有效联动。"

"在互联网时代,酒香也怕巷子深,除了用心做产品之外,适合的营销策略也是必不可少的。"除了在传统的电视台、电信广告运营,在常见的天猫、淘宝、亚马逊等电商渠道入驻外,大华还在北京、深圳、杭州等城市设立了体验店,利用线上线下联合的模式打造完整的销售生态链,让消费者在体验与互动中加深对产品的认识,提升产品体验感,建立用户与产品之间的联系,进而拓展民用安防市场。今后,大华还会尝试采取与苏州当地高校合作共建的模式,用年轻人的视角阐释生活中的安防,宣传生活中的安防。

"然而做安防不仅是打开市场,更是树立品牌形象。不仅要通过产品和技术保障每一个人生活的安全,更要把一种安全的理念和意识传递给每一个人。让安全不再是一个口号或一种理想,而是成为一种实际的生活方式。"王冠和他的团队始终相信并践行着这一点,他们始终相信,科技进步的真正意义在于普惠于民,这是一个企业的起点,也是一个企业的归宿。

谈及对协会工作的评价时,王冠对我们说:"2019年对于大华和苏州市安防协会来说,都是一个新的征程。协会在过去的一年中为大华提供了很多机会,大华参加了很多城市的安防展,这提升了大华的品牌知名度。协会2018年刚刚换届,2019年的工作势必会发生一些调整,作为协会的理事单位,大华也会全力配合与帮助,在新的环境、新的市场中砥砺前行,与协会一起建设一个智慧的、平安的苏州城。"

"相比起北上广这些繁华的大城市,苏州的生活是相对安逸的,虽然是个现代化的城市,但岁月流淌间仍饱有悠悠古意,山水楼阁中显现聪颖灵气,吴侬软语里透露人间温情。"作为一个土生土长的苏州人,王冠希望能够用安全与智慧守护苏州这座灵秀的城市。正如同大华从始至终坚守的"让社会更安全,让生活更智能"的使命——用产品,用科技,更用心做安全的守门人、城市的守护者,让"安全与智能"流淌于城市的血脉之中。

(执笔人:夏文青)

以厚道之心，做地道之事

胥德云
苏州市安防协会副理事长
三意集团董事长

在三意集团江苏公司大厅一角，停着一辆"永久牌"自行车，这是董事长胥德云对儿时特殊记忆的纪念。这辆承载着父母之爱的自行车，时刻提醒着他"以厚道之心，做地道之事"。

创立于2005年的三意集团，以传统安全行业为依托，以安全智能硬件为基础，运用人工智能、大数据分析和物联网技术，保障楼宇安全，实现对楼宇安全的云监控、云分析、云预警，为智慧社区搭建可靠、安全、智慧的大数据平台。

以坚韧之力面对困难，以感恩之心对待客户、回报社会，董事长胥德云带领着三意集团在新时代的浪潮里拥抱机会与变革，迈向新的征程。

一、乘着时代的春风

1979年出生的胥德云始终觉得自己是个"幸运儿"，乘着改革开放的第一缕春风降生，他的创业生涯也可以

说是跟随着国家改革开放的时代发展洪流,一步步发展而来的,接触现有的行业"既是时代的发展,也是环境的选择"。

1997年,胥德云走出老家四川郫都,18岁的他还是个跅躞不羁的少年,他带着年轻人的一股子闯劲,想要摆脱家乡的农耕生活,看看外面的大千世界。那时候的东部,高楼大厦鳞次栉比,就业机会众多,薪酬也是全国领先。看到如此好的经济发展势头,胥德云揣着一张火车站票,颠簸几十个小时,从四川盆地一路向东,来到上海寻求机会。最终,初出茅庐的胥德云在上海三意楼宇公司谋得一份差事,从工地的技术员做起,胥德云"三意传奇"序幕就此拉开。

2004年的宏观调控成为房地产行业的一夜春风,而与之配套的楼宇安装服务则是迎来了一大商机。有了一定基础的胥德云做出了一个大胆的决定——创立自己的公司。

2005年,江苏三意楼宇科技公司(以下简称"江苏三意")在全国百强县昆山正式成立,主要为房地产商提供楼宇安装服务。在安全行业深耕数年后,2012年,公司顺势而为,开始从一个传统的工程商慢慢向人工智能、大数据、云计算、物联网等新兴行业领域方向发展。三年后,公司成立"三意云服务",正式进军人工智能行业。"三意云服务"作为三意物联网、人工智能技术研发的大本营,为公司不断提供技术支持与发展动力。

"明者因时而变，知者随事而制"，十几年的发展，三意集团不断突破边界，走出昆山，走向世界。2018年，在成都、苏州成立子公司；在海外设立服务站点，三意迈入全球化、集团化发展的新阶段。2019年，三意集团与苏州建工、旷视科技、苏州科达、东吴人寿、中科曙光、中国电建、成都西汇等公司建立了战略合作伙伴关系，合力打造"智慧城市"品牌。

回望来路，胥德云常常感怀，个人的选择从属于时代的选择，只要跟随时代洪流发展，拥抱变化，自然能够找到个人的发展契机。

二、创业路上的生存之道

胥德云的父亲是军人出身，从小就教导他以坚韧的态度面对难题。"办公司与做人是一个道理。"胥德云说，创业近二十年，说长不长，说短不短，大大小小的困难层出不穷，要生存下去就必定要解决一个又一个的难题。

"很多事情当下一筹莫展，回过头来看时就变得云淡风轻。每一次跨越之后都会感激这些困难给予我发展的机会，它们像一级级的台阶，不仅使公司得到提升，更重要的是强大了我的意志。这和'梅花香自苦寒来'是一样的道理，没有苦与寒，哪来扑鼻之香？"

创业二十载，胥德云始终鞭策自己，在面对困难时不放弃。而他也抓紧一切机会，给自己"充电"，乐在其中。

"活到老学到老，是一个人的基本生存之道。各种知识博大精深，门类繁多，每一扇门后都是一个广阔的世界。"从行业相关的科技读物到经典著作，胥德云的书柜始终满满当当。

对于胥德云而言，读书是一种需要，更是一种乐趣。他习惯记录下自己的想法，在公司运营的公众号上发表自己撰写的文章。"这既是一种自我审视，也是一种观点分享。"胥德云说，很多想法的输出都是在飞机或者高铁上完成的，他很享受这样的时光，尽管拖着疲惫的身体，但"在组装自己思想的过程中仿佛重生"。

人能尽其才则百世兴，支撑企业长足发展最重要的因素之一便是人才的培养，胥德云深知这一点。为此，通过一对一谈心，他把自己的思考带给公司的新员工们。在他看来，这是让新员工了解自己、了解公司的过程，更是让自己更好地了解员工才干，从而知人善用的途径。

在三个月时间里，胥德云利用一切零散时间与员工"交心"，自己也深受启发。在三意集团的公众号上，有他撰写的四篇《致新员工》文章，这是他想对员工说的"心里话"。"梳理想法的过程也是促使自己深度思考的过程，我自己也受益良多，希望对年轻人有帮助。"除此之外，公众号上还有他为高管、中层管理者写的职场建议，真正践行了三意的初衷之一——让员工满意。

三、细微之处见真诚

"被困在电梯里的人，可以通过我们的智能电梯看到救援人员离自己的距离。"胥德云介绍道，这是"三意悦生活"APP，它建立起由电梯云、安防云和消防云组成的昆山市民云系统。通过这个APP，被困在电梯的居民可以及时呼叫救援，并实时查看维修工人的位置，做到心里有数，不慌不忙。

这个运用AI技术的小细节，只是三意集团"从小处作业，创新推进AI实战化"的一个缩影。古话说，"千里之堤，毁于蚁穴"，对于安防这个与人身财产安全密切相关的行业，小处的疏漏很可能会造成巨大的损失。

近年来，我国发生了多起骇人听闻的电瓶车爆炸事件，让人们对楼宇安全性产生疑虑和不安，政府对楼宇安全问题非常重视，出台了对电动车停放充电的相关规定：不允许电动车上楼。但在实际执行中，人力监督存在着效率低、耗资大等问题，电动车上楼的现象还是屡禁不止。为解决这个问题，彻底消除电动车在家中或者在楼道中充电所带来的安全隐患，三意在设计"三意云服务智慧电梯"时，增加了一款电梯电动助力车监测识别预警系统，意在用"机防"替代"人防"，提高效率。

"智慧电梯"上面安装监控识别系统，电梯内的摄像头会进行监测，当电动车进入电梯，它可以准确地识别出电动车，然后把数据发送到后台，电梯会发出语音警报并停止运行，直到电动车被推出电梯。电梯电动助力车监测识别预警系统还能够通过实时监控和行为识别，正确辨识轮椅、自行车、婴儿车、电动车等。只有在电动车进入电梯时，系统才会发出提醒。目前此项技术已经在昆山一些小区试点，有效减少了电动车上楼现象。

此外，"智慧电梯"还可以远程实时采集电梯运行状况数据并在电梯出现故障时及时报警，电梯关人后自动进行呼救，后台人员可通过音视频实时了解被困人员现状，并布置救援方案。系统确认后会自动点亮轿厢单元内嵌的 LED 照明灯，并提示相关情况，进行语音安抚，避免被困人员慌乱。

这些实实在在运用到居民生活中的 AI 技术，正是三意"从小处作业，建设智慧城市、平安城市"的初心。当然，智慧社区的建设目前还存在一些需要进一步提升和完善的地方，比如在如何处理个人隐私与公共安全的关系，如何节约资源，减少浪费，如何建立客户信任培养习惯等问题上还需继续探索，但智慧社区建设必将成为未来发展的大趋势。未来，三意将继续以厚道之心，做地道之事，加大人工智能行业的研发投入，实现用三意产品建设人工智能，普惠世人的梦想。

四、以感恩之心回报社会

除了在安防领域带着诚意、善意服务百姓外,三意集团也积极投身社会公益,多次获得昆山市"慈善企业"的荣誉称号。

说起江苏三意公司前厅的永久牌自行车,胥德云讲述道,"自己能够健康成长其实并不容易",他自小体弱多病,一岁时患上了肺结核,为了治好病,父亲要载着他和母亲骑行两个多小时,从县城前往成都看病。每周三次,周而复始,整整七年。因为有这样的经历,胥德云珍惜生命的可贵和

来之不易,更懂得感恩命运垂青带来的机遇,所以在自己不断成长与发展的过程中,他希望尽可能地回报社会,为社会做出贡献。

为此,公司成立了"三意楼宇基金会",长年进行扶贫济困、帮助弱势群体、为灾区筹集捐款等慈善活动。推动三意珠峰助学计划,资助藏区贫困儿童求学生活,与昆山市民政局慈善基金会、昆山市公安局"见义勇为基金会"长期合作,推动见义勇为事业的发展。胥德云自己也身体力行,带领团队在传统节日去敬老院、孤儿院献爱心。2019年,三意集团还向藏区道孚县捐赠了60万元扶贫资金,三意党支部联合苏州市安防协会党支部一起动员了协会280多家会员企业和20多万职工参与四川郫都区和藏区道孚县政府结对帮扶的活动,计划总计捐赠100万元。这次活动中,三意战略合作伙伴——东吴人寿也在三意带动下为道孚县捐赠了一所幼儿园。

"父亲军人出身,给予我坚韧的性格;母亲慈爱为怀,给予我感恩的教导。坚韧与感恩,这两样我此生受用不尽。"办公司与做人是一个道理,以诚相待,金石为开,任何时候都应该以坚韧的态度面对难题,以感恩之心面对收获。

"我们所感知的幸福来自人与人之间建立起的能量场，把关爱给予他人实际上是把关爱留给了自己。"胥德云说，三意集团在受惠于时代赋予他们机遇的同时，也积极地承担起应有的社会责任，在企业的经营发展过程中始终满怀感恩之心，将履行社会责任纳入企业发展的长期战略中。

五、5G时代的"变"与"不变"

三意集团的形象代言人是江苏省昆剧院名誉院长王芳女士。戏曲文化与楼宇建设，外人看起来没有什么关联，胥德云却有着自己的思考。

"传统与创新看似相反实质一体，犹如掌心与掌背"，在胥德云看来，没有传统就没有创新，而之所以有创新是因为区别于传统。选择代表传统文化的代言人这一做法，其实与三意始终坚持弘扬传统文化与坚持科技创新的理念一脉相承。

"在我看来，当今管理学、经济学、心理学的众多理论来源于两千年前的轴心文化，只是古人说话精练，现代人浓墨重彩地解释罢了。"胥德云说，科技创新离不开传统轴心文化，而传统的传承又需要创新模式给予更深刻、更广泛的实际运用。在传统文化与现代科技双重营养的滋养下，三意开放融合、创新卓越的企业精神形成了。

在企业文化建设中，三意集团汲取中华传统文化的精华，在实践中，三意集团也以开放融合的心态，积极探索新技术的运用。

5G时代已经来临，这意味着信息的超高速传输，意味着新一轮的变革。而对于三意集团来说，不变的，是初心，是始终开放的心态。

对于安防业，5G绝不是4G加1G这么简单。5G将会给安防产业带来质的改变，万物开始进入互联互通的场景，以往困扰着行业发展的诸多问题将迎刃而解，行业应用将进一步拓展。毫无疑问，5G商用将改变行业生态，开启安防新阶段，它将是企业"掘金"的绝佳高地，也是玩家弯道超车的顶尖赛道。

根据胥德云介绍，三意集团正从深度和广度两个层面推进AI实战化。经过一年多的探索与实践，目前已形成从AI前端、大数据平台、大数据展示到行业实践的端到端 AI 布局。面对 5G 时代的到来，三意集团将发挥自身优势，顺势而为，在中科院管晓宏院士的指导下，加大 AI 研发投入和多场景安全服务（Security Service）运用，引领"智慧城市""平安城市"预警系统安全管理新纪元。

三意集团作为苏州市安防协会副理事长单位，最先是从协会网站和杂志了解到协会的。从与王坤泉秘书长相识到加入协会，至今已经近 5 年了，这些年里，胥德云也见证着协会的成长。他对协会组织的活动称赞有加，并感谢协会在促进企业发展中发挥的有力作用。协会通过《苏州安防》、网站、微信公众号三位一体的宣传平台，让广大会员单位受益，也使得协会在全国范围内有了更高的知名度。同时，协会始终发挥着桥梁和纽带作用，引进各方资源，促成企业间的合作共赢。胥德云还提议可以设立苏州安防研究院，产学研相结合，让安防行业跟学校紧密结合，吸纳全国各高校的人才，为苏州市安防行业储备后续力量。

"十五年来从昆山创业，摸爬滚打中吸取电脑大王王安的前车之鉴，学习'天下兴亡，匹夫有责'的担当，接受'百戏之祖'昆曲的滋养，不忘乡音故土的培育，三意内心越来越敦厚，耐心越来越充足，信心越来越强大，恒心越来越铿锵！"2020 年，三意迎来了第 15 个年头，三意坚信智慧创造美好生活，期待三意集团助力城市实现智慧梦想，为千家万户守护平安带来美好！

（执笔人：张雨晗　索士心）

行业创新者　标准引领者

王安立

苏州市安防协会副理事长
苏州中亿丰科技有限公司董事长

在苏州中亿丰科技有限公司（下文简称"中亿丰科技"）办公区的一角，始终放着一张普普通通的棕褐色桌子，但公司的每一名员工都知道这张桌子"不简单"。

2016年10月10日，中亿丰科技正式成立，而这一天刚好是王安立的生日。四位合伙人在这张桌子上写下了中亿丰科技的愿景、文化、目标，中亿丰科技也就此踏上"不平凡之路"。

从一开始，中亿丰科技便立志成为国内领先的智慧城市服务运营商，从当初的4人到160人，从0开始到3亿元以上的合同产值，主营业务包括智慧城市、智慧教育、智慧医疗、智慧建筑、智慧文旅、智慧交通、综合管廊等，每个板块下面又细分多个项目业态。三年时间里有如此快速的发展，在常人眼中，这是不可复制的成功，而在王安立眼里，这一切的取得，靠的是情怀，是奋斗，是"螺丝钉精神"。

一、"幸福都是奋斗出来的"

辞掉百万年薪的高管职位，不顾周围人的质疑出来创业，迈入不惑之年的王安立，"想要为梦想活着"。

做出常人眼中冒险而大胆的决定，并不是一件容易的事情。内行人都知道做民营企业的苦，但从一开始，王安立就没想过在意别人的眼光，他自己也是这么跟员工说的："我们没有时间去在意背后议论的人，我们要抓紧时间一路向前，跑在你前面的人也不会有时间议论你，因为他们所有的心思全放在公司发展上了。"

在中亿丰科技公司学习园地的外墙上，"幸福都是奋斗出来的"九个红色大字异常耀眼。对于王安立来说，不同的人生阶段有着不同的理想和目标，但不变的是那颗带领一批员工实现理想、持续奋斗、改变命运、为社会进步和城市发展做出贡献的心。

学习园地里还生长着一棵"特别"的构树。据说，构树的种子是当年"神舟六号"飞船搭载的五种太空种苗之一，中亿丰科技的员工们赋予了这棵树以特殊意义，"这是一颗从天上掉下来的种子，它有着极为顽强的生命力，也预示着我们中亿丰科技能茁壮成长，做大做强"。

顽强的生命力来源于不停息的奋斗，幸福都是奋斗出来的，梦想也是。王安立在成立中亿丰科技之初，便拟好了二十年战略规划：五年打基础，十年上台阶，二十年乐分享。他想要用五年时间把公司打造为总合同产值15亿元以上的长三角智慧行业标杆；十年之后成为全国领先，企业年度营业收入达到10亿元；二十年内，培养出10个亿万富翁、100个千万富翁，成立螺丝钉慈善基金会，以利他之心，造福社会。

这二十年规划提出之际，周围的人甚至是自己的合伙人都不甚理解，认为王安立想得过于遥远。而王安立认为，没有愿景和目标的努力，只是一时的小收获而已；只有大目标和大愿景，才能让自己和团队找到源源不断的奋斗内驱力,付出不亚于任何人的努力,为了愿景目标持续奔跑!

短短两年多的时间,中亿丰科技就发展成为一家拥有设计甲级、施工一级的双甲资质和音视频系统集成一级、安防能力一级、专业舞台四项甲级资质的国家高新技术企业。王安立说:"这个成绩确确实实是我们全体员工奋斗出来的。"曾经在别人眼中看起来遥不可及的目标,中亿丰科技正在一一实现。

二、"红色螺丝钉"的文化自信

在中亿丰科技公司大厅内,放着一个红色螺丝钉雕塑。在过去的一年里,这枚"红色螺丝钉"走出了公司,走出了苏州,走向了全国,而它代表的,就是中亿丰科技最核心的"红色螺丝钉"精神。

公司刚刚成立,王安立最先做的一件事,不是带着合伙人风风火火地去做项目,而是先定下了公司的核心企业文化。他说:"企业和人一样,要有精神的引领,才能走得更远。"

为什么是螺丝钉?在大家商量企业文化一筹莫展之际,习近平总书记强调的"钉子精神"给了王安立灵感。作为一个18岁就加入中国共产党的老党员,王安立解释说:"我们的党不就一直是颗螺丝钉吗?没有这种一钻到底的精神,哪会有我们这个国家和民族的今天。"在王安立眼中,中亿丰科技的每一个员工都要像雷锋那样做一颗小小的螺丝钉,在自己的岗位上为企业做出贡献。这个提议得到了合伙人的全票通过,"螺丝钉精神"成为中亿丰科技企业文化的最核心内容。经过反复研讨,"螺丝钉精神"提炼为现在公司墙上随处可见的十二个字:"向前进,往上走,不认输,乐分享"。

2018年3月,中亿丰科技成立了红色螺丝钉党支部。"螺丝钉精神"成为党支部名称及精神内涵的来源。2019年7月,为进一步发挥典型的示范引领作用,激励广大小微企业、个体工商户、专业市场(以下简称"小个专")创新发展、科学发展、健康发展,"党建引领、创新发展""小个专"党建典型全国巡回宣讲活动在江苏镇江举行。中亿丰科技红色螺丝钉党支部作为"小个专"先进典型应邀宣讲,王安立出席活动,发表了《一颗永不生锈的红色螺丝钉》的主题演讲。

他乐于跟别人分享这颗"螺丝钉"背后的深刻内涵,更希望将这股正能量带给所有人。在中亿丰科技的官方微信公众号上,有关"红色螺丝钉"的内容比比皆是。就像员工所说的那样,这股精神融入了每一个中亿丰科技人的血液里。

在王安立眼中,搞党建不是"赶时髦、随大流",而是企业发展的需要。在中亿丰科技,党建文化就是企业文化,核心管理班子成员都是党员,高度融合。如何丰富"红色螺丝钉"党支部的内涵,是中亿丰科技的一个重点思考方向。为了把党建工作真正落到实处,中亿丰科技"红色螺丝钉"党支部提出了"一个精神、两个抓手、三个共同体、五力五意识、六条有效途径、十条具体做法"。中亿丰科技就是在红色螺丝钉精神的引领下,坚守自己的企业经营哲学,在追求全体员工精神与物质双丰收的同时,为城市发展和社会进步做出贡献。

令王安立很骄傲的是,自己员工走出去时身上能有"那股精气神",而这其实就是作为"红色螺丝钉"的文化自信。他期待着,也见证着每一个中亿丰科技人实现自我价值,成长为一颗永不生锈的红色螺丝钉。

三、"做行业创新者、标准引领者"

"工程铁军高效执行,管理规范技术精湛""设计前瞻全面统筹,团队优秀服务到位""用真情服务客户,用爱心保证质量"……在员工餐厅的一面墙上,挂满了中亿丰科技的客户们送来的锦旗。锦旗上的话就是中亿丰科技把工作做到极致、把客户放在第一位的最佳证明。

王安立始终认为,"最好的营销是售后服务"。只有把客户的运维服务做到位,公司才有回头客与老朋友。中亿丰科技向全社会公开承诺：凡是中亿丰科技设计施工的项目，两年保修、五年运维、24小时电话服务，这就是中亿丰科技特色的"螺丝钉运维体系"。不得不提的是，售后电话的户主就是王安立。有任何投诉、任何问题，王安立第一个知道，掌握第一手信息，马上解决问题。

"螺丝钉运维体系"只是中亿丰科技首创的行业管理体系的一个缩影。

根据中亿丰科技近三年快速发展的实际情况，结合中国智慧行业设计施工管理现状，中亿丰科技合伙人团队依据多年的行业经验，总结提炼出了中国智慧行业服务专家：螺丝钉文化、螺丝钉设计、螺丝钉集成、螺丝钉服务四大标准与管理特色。

"螺丝钉文化"作为内核，成为中亿丰科技发展至今的最大秘诀。"早上问声好，今天我值日，出行要报备，午餐全免费，节日孝心礼，犯错不罚款，师傅来帮带，管好责任田"，这些特色文化深入员工内心，激发着每个员工的内驱力。

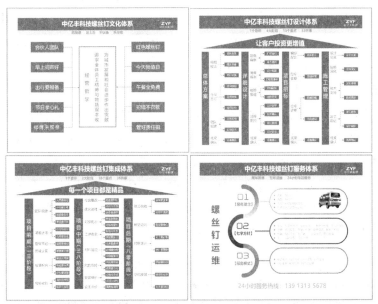

有了精神引领还不够，"螺丝钉设计"和"螺丝钉集成"是中亿丰科技在具体工作中实实在在用到的干货，也成为行业标准化推广和学习的对象。"螺丝钉设计"是贯穿项目全生命周期来服务，强调突

出"1个目标、4大阶段、18个重点、32件事"这条主线，从项目总体方案、详细设计、项目招标到施工管理四大重点阶段的详细内容，抓住18个重点，做好32件事，让客户投资更增值就是中亿丰科技的价值。

"螺丝钉集成"是中亿丰科技行业首创的138施工管理体系，贯穿项目建设的全过程服务，强调突出"1个目标、3大阶段、18个重点、36件事"这条主线，从项目前期（一三阶段）、项目中期（三八阶段）到项目后期（八〇阶段）三大重点阶段的详细内容，抓住18个重点，做好36件事，让每一个建设项目都成为精品就是中亿丰科技的工作目标。

员工眼中的王安立是个"爱折腾"的人，这四大管理体系就是他"折腾"的成果。作为智慧行业首创的四大管理体系：螺丝钉文化、螺丝钉设计、螺丝钉集成、螺丝钉服务，大大提升了员工在实际工作中的执行力和战斗力。

"创新"不仅仅在中亿丰科技的技术管理上体现得深刻，实则融入了公司发展的方方面面。在创办中亿丰科技之初，王安立就提出了采用现代企业合伙制的管理思路，他认为原有企业和员工的单纯雇佣关系会随着新时代的发展而逐步淡化。让团队骨干作为企业经营主体以现金入股，从根本上解决员工的内驱力问题。同时，公司确立了员工从劳动共同体到事业共同体，以及升华到命运共同体的实现路径。

王安立和中亿丰科技从不畏惧做一个颠覆者和革新者，希望能够有更多人加入创新的队伍中。大到标准化建设、文化建设，小到公司的一盆绿植，他把自己的所思所想汇聚成体系，将目光投向整个行业、整个世界。他期待着看到一批批年轻而有情怀、有梦想的同行企业发光发热，期待着自己带领160名员工为社会做出更多的努力和贡献。

正如王安立所说，中亿丰科技始终以开放的态度与同行交流提升，我们鼓励行业的良性竞争、合作共赢，我们向所有同行的优秀创新做法学习，为榜样点赞；也只有更多优秀的、年轻的企业不断涌现，这个行业才有更好的未来，社会才能更进步。中亿丰科技的日常管理及四大创新管理体系等都及时地发布在公司的官方微信公众号上，我们就是要在第一时间向全社会、全行业分享我们的发展和经验，旨在共享企业成长果实，共同交流提升，促进中国智慧行业健康、有序、繁荣发展。

四、"没有成功，只有成长"

从 2016 年成立中亿丰科技至今，王安立及核心管理团队付出了很多的辛苦，有的人甚至三年就有了丝丝白发，但整个团队没有后悔过。"当看到团队和员工的不断成长，以及做出的十几个五星级酒店、三甲医院、学校、5A 级办公楼和智慧城管、智慧交通等优秀业绩，我们每个人还是很欣慰的，越努力就会越幸运。"

他不愿意用"成功"与否来定义中亿丰科技这三年来的耕耘与积累，如他所说的那样，中亿丰科技没有成功，只有成长，一直在前进的路上。

格局大、情怀深，是王安立给员工们最深刻的影响。正如他 2016 年在母校齐齐哈尔大学给毕业生演讲时所说的，"做事只能决定你一时如何，而做人才能改变你的人生"。关于做人，他给学弟学妹们说了三个词：阳光、大气、肯吃亏。

迈过"不惑"这个槛，王安立明白，"做人做事都不能只看眼前之利，要把目光投向更远的世界"。

安防行业瞬息万变，羽翼渐丰的中亿丰科技时刻准备着迎接挑战，始终以开放包容的姿态向同行学习，与同行合作。王安立正带领着年轻的中亿丰科技和 160 名员工走向更广阔的天地。

中亿丰科技学习园地里的构树正在茁壮成长，公司展厅荣誉墙上的证书、奖杯越来越多，而创业时的那张桌子始终放在办公区的一角，与墙上十二字的"螺丝钉精神"一样，时刻提醒着中亿丰科技全体员工为共同的理想而奋发向上。

(执笔人：索士心)

扎根苏州　深耕安防　拥抱变革

马岩

苏州市安防协会副理事长
华为苏州企业业务总经理

2019 年，是马岩加入华为的第十个年头。和华为同岁的他，2018 年 5 月来到苏州，担任华为苏州企业业务总经理。这对马岩来说，是莫大的鼓舞、机遇与挑战。这一年来到苏州，既是马岩职业生涯的成长点，也是华为深耕安防领域的开局之年。

2019 年 10 月 28 日，以"大安防、大数据、大产业"为主题的第十七届中国国际公共安全博览会（简称"CPSE 安博会"）开幕。华为联合中国移动发布了《5G 时代智能安防十大应用场景白皮书》。华为智能安防产品线副总裁余虎表示："AI 技术的加持让智能安防加速走向生产和生活。算力、算法、数据的进化，使机器代替了人工，消除了安

全隐患，提升了生产效率。AI+5G 赋能，可有效促进要事安保、城市综治、港口、矿区、出行、环境、消防、制造、配电房、物流等十大场景加速落地。"

华为正在安防行业实现"弯道超车"，2019 年华为在苏州以及江苏全省举办了多场智能安防活动，正式向全省客户宣告进军安防市场。1987 年出生的马岩也在员工平均年龄只有 30 岁出头的华为快速成长着。经过一年的活动和拓展，市场与客户的反馈让马岩坚信华为的安防一定可以成功。

一、结缘：扎根苏州，携手并进

华为于 2012 年在苏州注册成立华为数字技术（苏州）有限公司，同年 8 月首批业务迁入，华为苏州研究所正式成立。华为苏州基地（桑田岛）位于苏州工业园区东南方位，规划可容纳 1 万名以上员工，2019 年 11 月正式入驻。

2019 年 8 月 2 日，苏州市政府与华为公司签署了深化战略合作协议，双方将加强在新型智慧城市、云计算、大数据、物联网、人工智能、5G、车联网、工业互联网等数个领域的全面合作，助力苏州的技术创新与产业升级。8 月 8 日，苏州工业园区与华为公司共同建设华为（苏州）人工智能创新中心。

以上合作只是华为扎根苏州、持续深耕的缩影。另外还有与张家港市政府共同创立"华为智慧城市（张家港）应用创新中心"，与常熟市政府共同打造"数字常熟"和"华为云（常熟）工业互联网创新中心"，与吴江区政府以及亨通集团共建"智慧吴江"联合创新中心，与吴中区政府共同落地"DevCloud 创新中心"，与苏州市水务局共建"智水苏州"等，"华为"的脚印踏踏实实地落在了苏州的土地上。

"为什么是苏州？"很多人这样问马岩。刚上任之际，马岩似乎回答不好这个问题。来到苏州不到一年的时间里，马岩在工作中渐渐找到了答案。他实实在在感受到了这座江南古城的"创新力"，"苏州的领导与客户的创新意识和意愿都特别强，华为的优势也正是技术创新"。

与此同时，华为也在加强与本土单位的进一步深化合作，助力苏州的产业与服务升级。与苏州大学共建"云中苏大"，与苏州市卫健委共同推进全民健康大数据，与苏州市人社局共同推动苏州的人才培养，与苏州中科地理研究所共建联合创新中心，助力同程旅游建设全球数据中心平台。华为本着以客户为中心的宗旨，脚踏实地地为客户做好服务，向客户与合作伙伴交出了一张张漂亮的"成绩单"，深度耕耘，合作共赢。

华为苏州企业业务总体规模增长迅速。马岩说道："在业务高速增长的同时，更重要的是通过我们团队的努力和华为的技术与创新能力，为我们的客户解决实际问题，创造价值。"

5G 与 AI 的到来，让"以视频为核心的大安防"迈向新时代。在苏州，华为已经将 HoloSens 智能安防推向公安、政府、金融等核心行业客户，构建了行业金银牌、分销金银牌供应体系，并通过苏州研究所 Open Lab 着力孵化行业级解决方案及培养认证专业级智能安防生态人才队伍，为华为 HoloSens 智能安防在苏州的腾飞夯实根基。"智慧安防是一片蓝海市场"，马岩相信，华为定会为苏州安防业带来别样的精彩。

二、深耕：探索安防产业，"后来者"弯道超车

在 CPSE 安博会上，华为推出了基于 Huawei HoloSens 品牌的新品：创新多核架构的复眼型摄像机 SDC X8341-10 系列、首款基于"华为昇腾"的智能微云 IVS1800、业界首个一站式智能视频算法商城 Huawei HoloSens Store。

马岩说道，华为进入安防领域相对较晚，而现在从软件定义摄像机到视频云平台建设，华为智能安防的战略越来越清晰。坚持"智能+开放"的战略，华为不断加快智能化发展，"以智能化引领，打造普惠 AI，坚持开放黑土地"。在 2019 年 8 月 8 日新品牌 Huawei HoloSens 的战略发布会上，华为提出了基于"华为鲲鹏+昇腾"生态的"2+4+N"战略，把"真智能、真开放、真数据、真安全"作为战略的四个底线坚守。

日渐丰富的产品种类、越来越清晰的"智能安防"战略,作为安防行业的后来者,拥有着深厚研发底蕴的华为,始终是行业内不可忽视的重量级玩家。

以"软件定义摄像机"市场为例,从 2019 年年初的 20 多款到年中的 200 款,直至目前的将近 300 款,华为的产品越来越丰富,面临的竞争也越来越激烈。为了支撑深入千行百业的战略,华为的生态越来越全面,旨在做到全场景覆盖。开放的生态战略使得华为在安防领域拥有着越来越多的合作伙伴,整个生态链越来越丰富与饱满。

随着产品系列的日益完善,视频云平台的探索成果也已初显。2019 年,华为实现了全面的云化、全面的智能化,以及基于华为鲲鹏和昇腾的产品研发。无论是中心云的 IVS9000,还是"轻量云"的 HoloSens IVS3800,甚至包括 CPSE 安博会发布的微云 HoloSens IVS1800,都在向整个行业、整个产业传递一个信息:基于"华为鲲鹏＋昇腾"和全面云化、全面智能化的后端平台已经在逐渐完善。

三、变革:"5G＋AI＋视频",就是现在

"5G＋AI"成为 CPSE 安博会上亮眼的主角,一场前所未有的变革

正在安防业酝酿。

荣获第十七届 CPSE 安博会金鼎奖的华为 HoloSens SDC X8341-10-HLI-PT2 双 PTZ（云台）复眼型摄像机吸引着诸多业内人士的眼球。作为业界首款 3 镜 3 芯复眼型摄像机，其最为直观的特点为创新双子云台，可实现多镜协同，三镜头视野共享，打破局限。量身定制四大场景化模式，让智能化覆盖更简单、更全面。其中创新的十字协同模式，只需 2 台即可实现十字路口的智能全覆盖，替代传统 4 杆 10 台的建设方案，效率倍增。双 PTZ 复眼型摄像机采用 AI 三核"芯"架构，提供 8Tops 澎湃算力，每个镜头既可独立工作又可相互协同，可以同时进行 300 多个目标识别与智能"1 拖 N"。

除此之外，华为 HoloSens SDC X2382-HL 800 万多算法并行筒型摄像机、华为 HoloSens IVS3800 智能视频云脱颖而出，同样斩获金鼎奖。

过去三十年，华为持续聚焦做好联接。随着 5G 的到来，华为在与 AI 结合的基础上，正在使智能安防从辅助系统走向生产系统。华为智能安防将聚焦 "5G + AI + 视频" 技术，通过全息感知重建物理世界，用数字世界治理物理世界。

在智能时代的风口浪尖，华为智能安防将基于人工智能、5G、大数据、云计算等技术，继续探索预见未来的科技创新之路。

作为一家愿景驱动的公司，华为的目标是"把数字世界带入每个人、每个家庭、每个组织，构建万物互联的智能世界"，实现"万物感知、万物智能、万物互联"。

如何实现？华为用实际行动给出了答案。2018年，华为发布了人工智能战略，"全栈全场景AI解决方案"成为"万物智能"的核心。在这一年里，5G终端、网络和应用走进大家的视野，"端到端5G"成为"万物互联"的核心。随着产业的发展，智能终端（面向2C侧）和智能视频（面向2B侧）正成为"万物感知"的核心。

与此同时，5G、AI和视频三种技术相互促进、相互激发，正在加速智能世界的到来。当前49%的AI行业应用以视频为基础，视频加速了AI在行业的落地；5G提供的大带宽和低时延让AI的算力无所不及，同时加速了超高清视频（4K/8K）的普及，催生了更多行业智能化场景。

四、创新：重定义技术架构，颠覆传统

安防，是一个技术制胜的行业。华为正是依托强大的研发实力占领市场最高点，用创新之力重新定义智能安防新时代的下一个十年。

2012年8月，华为苏州研究所（以下简称"苏研所"）成立。作为华为在江苏布局的"两所三司"之一，苏研所不仅肩负着华为企业人的创新梦想，也推动着苏州的创新发展。目前，苏研所在（无线局域网）融合通信、行业综合信息化解决方案等领域建立了强大的研发队伍。研究所中，高级工程师占16%，工程师占30%，助理工程师占54%，形成了一支组织结构均衡的研发队伍。同时期成立的Open Lab，致力于为企业提供ICT（信息与通信技术）解决方案，设有验证中心、ISV（独立软件开发商）支持中心、创新中心和体验中心四大能力中心。

在安防领域，华为的创新惯性依旧在持续驱动着行业的变革。专业的AI芯片、开放的摄像机操作系统、丰富的算法和应用生态，这是华为软件定义摄像机区别于传统摄像机的根本，实现了从"功能机"到"智能机"的跨越。

HoloSens SDC通过重定义智能视频技术架构，采用智能算法与硬件底座分离的设计理念，构建开放式的平台，颠覆了传统摄像机"专

机专用"的模式。

前端摄像机软件定义，按需加载，让通用摄像机立即变专用摄像机。客户可以根据需求场景，灵活选择各种算法，实现各种智能应用。在华为下一代的架构里，将会预留标准接口，接入其他的传感器，让末端实现真正的全息感知。

后端视频云平台全云架构，多算法融合，可以打通数据孤岛，实现算力、算法、数据和任务协同。传统的视频云平台建设是堆叠模式，人脸、车牌各有一套系统，彼此之间相互割裂。视频的接入、存储、解析、转发、检索等各项功能都需要一个"盒子"，只能加载集成过的算法，形成一个个难以联通的"数据孤岛"，数据智能不能充分释放。而华为的智能视频云平台，完全基于云化架构设计，最新的vPaaS 2.0，支持通过SDK（软件开发工具包）和API（应用程序接口）方式加载各种算法，可以实现一周上车，实现多算法直接的协调配合，同时支持多种算法场景，满足各行业各细分场景的智能需求。

在业界首个一站式智能视频算法商城Huawei HoloSens Store，华为的用户与合作伙伴能够"随意挑"、"快速换"、"放心用"。商城以

"华为"产品为核心底座承载智能算法,提供迅捷开发、便捷下单、敏捷运营的全流程服务,提供多种入驻模式和商业模式组合,加速千行百业实现智能化升级。HoloSens Store,让使用者从"想法"到"算法"不再遥不可及,让开发者从"算法"到"应用"不再是空中楼阁。

五、愿景:秣马厉兵再上路,目标北上广深苏

"能力、眼界、视野"是马岩在华为近十年里最大的收获。不忘初心,以客户为中心,马岩带领苏州几十人的团队一步步扎根在苏州这片土地上。苏州团队有血性,有韧性,有担当,马岩笑着说:"我们苏州团队不仅是技术担当、能力担当,也是颜值担当。"他形容自己的工作总是在"不停地切换频道",但走的每一步都是上升的、成长的。从山东济南到江苏盐城,再到苏州,从运营商转身到企业业务,在华为大平台上接触的一切,都在推动着自己不断向前,持续进步。

(执笔人:索士心)

安防行业在不断带给我惊喜与幸福

翁志勇

苏州市安防协会副理事长
苏州朗捷通智能科技有限公司董事长

2007年，硕士毕业的翁志勇走出校门。那时候，"智能建筑"和"平安城市"建设正在中国大地上如火如荼地展开，"智慧城市"还处于概念阶段。在这样的大环境下，翁志勇顺势投身"智慧城市"的建设大潮。

"逝者如斯夫，不舍昼夜。"十几年的光阴转瞬即逝，翁志勇看着行业经历一次次前所未有的变革，而自己也在行业一线时刻卷起的浪潮中成长着。在十几年时间里，他脚踏实地，勤奋工作。安防行业瞬息万变，新技术、新理念、新想法时时刻刻都在激发着翁志勇学习探索的兴趣。同时，安防行业也不断地带给他"惊喜与幸福"。

2018年，翁志勇加入金螳螂集团旗下的科技板块——苏州朗捷通智能科技有限公司（以下简称"朗捷通"），任公司董事长。作为一家集行业解决方案、自主软硬件研发、系统集成与服务为一体的高新技术企业，朗捷通拥有行业齐全的资质、国家级博士后科研工作站及300余项科研成果，是建筑智能行业十大品牌之一，拥有怡和科技、博朗明科技、金朵云科技三家子公司。

2018年，正值智能科技飞速发展的黄金时期。在过去的两年时间里，翁志勇与朗捷通一同见证着彼此的成长与进步。回望过去的两年时间，翁志勇说道："在朗捷通工作时，我最感动的是公司的团队精神和学习文化。多少个朗捷通人，为了如期交付工程，披星戴月，尽职尽责，只为客户满意；多少次，为了实现管理和技术创新，我们没日没夜研讨，不断完善思路。"

从充满黑科技的阿里未来酒店到网红打卡胜地西安大唐不夜城，朗捷通的脚印遍布全国，企业以高质量的服务载誉无数。目前，朗捷通已成为智慧城市、智慧建筑、智慧酒店、智慧小镇、智慧医疗、智慧交通、智慧金融等领域最具影响力的专业解决方案提供商和建设运营商之一。

"朗捷通坚持以客户为中心，长期艰苦奋斗的企业文化，对品质精益求精的要求，对事业孜孜不倦的追求，这些都是融在我骨子里的情怀。"

一、拥抱变革，持续创新

对于翁志勇来说，理想的生活状态是"爱拼才会赢"。生命不息，奋斗不止。"在职业生涯中，深耕智慧城市领域，不断树立并突破新的目标，不断实现自我价值，更好地为社会的发展进步贡献力量。"

2020年，翁志勇的目标是带领朗捷通高质量稳步发展，坚持服务好每一个客户，持续进行技术创新，推动公司达到上市标准，将朗捷通打造成为有活力和激情的创新型企业。

近年来，行业的发展越来越受到国家及民众的重视，5G、物联网、人工智能、云计算、边缘计算等智能技术群的"核聚变"，带动了"智能+"时代的到来，数字经济的发展正在进入下一个阶段。人类社会从"互联网+"迈入"智能+"，人们的生产方式和消费方式都发生了颠覆性的改变，以智能化为代表的新经济加速降临。

在翁志勇看来，企业需要以开放、乐观的态度对待每一次新技术和商业模式的到来，真正让科技为企业所用、为企业创造价值、为社会大众创造福利。而朗捷通也始终践行着这一点。

作为一家高新技术企业，朗捷通拥有国家级博士后科研工作站。从2018年年初开始，朗捷通就未雨绸缪，开始研发区块链相关技术，将其应用于智慧城市领域，并申报多个相关课题，为项目落地服务。

一直以来，建筑物联网被公认为未来物联网技术的最大应用领域之一。传统的物联网应用一般还是采用数据集中存储的方法进行数据管理，这给数据的安全性、防篡改性带来了威胁，而中心存储方式的存储条件比较苛刻，代价比较昂贵。

针对这个问题，朗捷通博士后科研工作站研发团队通过理论研究、形式化分析和实验平台测试的方法，深入研究基于区块链的物联网数据管理模型，利用区块链技术为建筑物联网可信分布式数据管理系统提供了新的解决方案，方案获批江苏省双创博士、江苏省博士后科研资助计划等科技项目。同时，朗捷通还进行了基于物联网和区块链的建筑能耗智能监测系统的研发及应用。该项目成功获批2018年度苏州市市级打造先进制造业基地专项资金——物联网专项项目。

"唯有持续创新，坚持以客户为中心，以市场为导向，直面市场

竞争，才会在行业中抓住发展机遇。"翁志勇说道。未来，朗捷通将从四个方面进行创新落地：一是生态圈构建，针对客户需求，整合设计院、高校、上下游供应商等资源，共同打造行业生态圈；二是产学研合作，与苏州大学、苏州科技大学、北航苏州研究院等高校联合成立创新实验室，在智慧网联、安防核心平台、位置服务等方向进行技术研发；三是打造细分行业解决方案，在智慧酒店、智慧景区、城市综合体、智慧交通、雪亮工程、区域医疗健康平台等方面进行研究，形成细分行业优势；四是推广应用场景落地，将公司核心解决方案应用到酒店、商业、医院、公安、法院、景区等场景。

二、开放包容，协同共生

2019年11月，朗捷通与科大讯飞签署战略合作协议，设立"智慧城市生态创新中心"，进行深度合作与创新发展。

今后，朗捷通与科大讯飞将围绕AI赋能城市（建筑）的应用场景分析、工具创新开展全方位技术研讨和应用落地，联合开展智慧城市新产品发布、智慧产品库建设、展示中心策划等活动，并将发挥"技术—产品—设计—施工—服务"完整产业链一条龙服务模式及品牌优势，联合承接智慧城市相关业务。同时，双方将不断在智慧城市领域发掘并筛选创新项目，以技术和产业资源等方式快速孵化其成长，助力双方企业核心优势打造及全产业链发展。

和科大讯飞的合作，只是朗捷通以科技创新带动企业之间融通发展的缩影。自2008年成立以来，朗捷通持续深耕安防领域，积累了众多优秀的客户与合作伙伴，业务覆盖全国主要重点城市，与很多城市平台公司建立了良好合作，与国内大型开发商如恒大集团、华侨城、苏宁集团、龙湖地产等建立战略合作，与知名机电品牌如奥雅纳、科进、迈进等合作，服务了包括万豪、洲际、希尔顿、凯悦、温德姆、雅高、香格里拉、安缦、悦榕庄、美高梅、费尔蒙、亚特兰蒂斯、凯宾斯基等国际酒店管理品牌。并与国内主流供应商包括海康威视、科大讯飞、华为、大华、捷顺等，以及与国际知名品牌霍尼韦尔、西门子、施耐德、博世等充分合作。

"安防业的竞争与日俱增。"作为行业的一分子,翁志勇感知到的不仅仅是竞争的激烈,更是"良性竞争"的重要性。目前的安防行业,已经从"小行业、小企业""大行业、小企业"逐步迈进了"大行业、大企业"的第三个发展阶段,已经出现了像海康、大华等引领行业的标杆企业。同时,科技革新速度加快,协同发展趋势明显。行业与企业都在潜心研发,进行基础技术创新,从而共同推动行业的发展。"科学是技术之源,技术是产业之源",在此基础上,细分领域逐渐出现,协同共生的模式开始出现,良性竞争将成为主流。

翁志勇提到,"智慧城市"的建设作为一个长期、庞大、复杂的系统工程,需要多方合力共建。朗捷通将以开放的态度、开阔的胸襟与产业链上下游合作,与竞争者、供应商结成盟友,合力构建一个和谐共赢的产业生态圈。

在2019年年底苏州市安防协会召开的三届二次会员大会上,朗捷通被选为"副理事长单位"。在年度星级诚信单位评选中,朗捷通与怡和从众多参评单位中脱颖而出,双双被评为"五星级诚信单位"。

"成功的路径有万千条,但只有一条路是真正的阳光大道,这就是诚信。"翁志勇始终相信,在现代经济社会中,诚信不仅是一种道德规范,也是能够为企业带来经济效益的重要资源,在一定程度上甚至比物质资源和人力资源更为重要。诚信应是企业核心价值观中最重要的一点,是企业与客户或者是合作伙伴之间关系的核心。

"苏州安防业的诚信评定,积极引导了社会对安防产业的关注,为全市的安防企业提供了权威、公平的参照坐标,星级的评定是对企业的一种鼓励和肯定,对于企业具有很强的鞭策作用。"翁志勇说道。

三、抗击疫情,携手并进

2020年年初,正值全国上下万众一心抗击疫情的关键时期。朗捷通一支仅有三人的团队打响了复工的头号战役,身体力行地践行着"以客户为中心"的使命。

由于当时疫情管控,南京苏宁高尔夫酒店项目的班组人员未能及时到场,而业主方又要求马上应用对讲系统,确保电梯检验通过。时间紧、任务重,等到班组进场已然来不及。为此,朗捷通管理人员杨洋等三人毅然撸起袖子自己干。从排线、安装到调试,三个人迅速完成了客户要求,工作难度与强度可想而知。

除此之外,在前沿医学中心、苏州交警等方面,为保障系统正常平稳运行,朗捷通远程维保,进行24小时在线服务等工作。在疫情防控阶段的重要时刻,朗捷通的一线项目人员 7×24 小时轮流值守,确保业主单位智能化设备和信息系统的正常运行,为疫情防控打通了信息化通道。

抗"疫"战争打响,"对客户服务不止",只是朗捷通在疫情时期交出的优秀答卷之一。人脸识别、电子封条与网格管理助力小区封闭隔离管理,无人机实现立体监控与消毒药水喷洒,红外检测出入口人员发热情况,机器人协助物资运送,人工智能交通信息控制系统一路护航疫情专用车辆,大数据分析与视频人工智能确定病患活动轨迹、疫区来源车辆患者大数据管理……朗捷通的技术也走在了抗"疫"一线,帮助社会安全生产与平稳运行。

此次疫情来势汹汹,对安防行业产生了不小的影响。远程运维的稳定性、智慧交通系统运作、社区网格管理能力都在疫情之中经历着考验。身处其中的翁志勇更是感触颇深:"在智慧城市建设浪潮中留下的成果，疫情当前最能直接辨别效果的好坏。只有技术与管理结合，基于场景化不断研发创新，城市管理和运营才会更智慧。"

疫情防控期间，朗捷通行政部门员工尽职尽责，每天早、中两次对办公区域进行消毒作业，落实每一处卫生死角，并配置了75%酒精、额温枪、口罩等物品，从细节之处满足大家的需求，为公司为伙伴创造安全健康的办公环境。

一直从事智慧城市建设和运营服务工作的翁志勇，在摸爬滚打中，从技术工程师成长为上市公司高管，回望走过的十几年，他说道："如果最初选择这个行业，是因为看好它的发展前景，那么现在依然坚定地留在这个行业，则更多了一些责任和使命的考量。"

疫情发生后，朗捷通第一时间组织员工进行捐款，联合金螳螂慈善基金会捐款600万元用于武汉疫情的防控与治疗。通过金螳螂慈善基金会，朗捷通了解到街道部分老人生活困难和一线工作人员的情况，与集团慈善基金会组成志愿服务小分队，深入姑苏区平江街道、沧浪街道的多个街区，走访慰问了一线社区工作者和辖区的困难老人，并带去牛奶、面包、饼干等日常生活用品，向他们送上一份爱心。

"每一次突发事件都会推动一系列变革，智慧城市作为突发事件应急措施的重要综合技术手段、城市科学治理的抓手，我相信会越来越受到各个城市欢迎!而推动信息化与城市化的高度融合,提升政府行政能力,以科技赋能疫情防控,则是每个智慧城市从业人员的责任和使命。"

"江苏省装饰装修行业优秀企业家""智能建筑行业优秀经理人""上海市十大杰出青商""上海市软件行业标兵""上海市青年五四奖章""湖北省十大优秀青年企业家""湖北省现代服务业领军人才"等数不清的荣誉,是业界对翁志勇努力的肯定。

有成功的鲜花与掌声,也有拼搏的苦涩与汗水。无论是金螳螂集团还是朗捷通,"学习"都是终身的使命和目标。对于翁志勇来说,"学习"是提升自己的代名词,更是一种持之以恒的习惯。大学期间,他常常利用课余时间积极参加丰富的社团生活,有意识地锻炼演讲能力、组织能力;研究生期间,他埋头钻研学业,"朝9晚11"是学习工作的常态,"专注"成为终身的习惯。

变革与创新是安防业带给翁志勇的惊喜,而与时俱进的成长则是难以言说的幸福。在"终身学习"的路途上,他怀揣着感恩之心,一边播种一边收获。他说道:"感谢政府和行业协会等主管部门的认可与鼓励,我坚持以工匠精神面向智慧城市、深耕安防行业,不断挑战与超越,用心雕琢精品项目,不断践行服务社会、造福社会的初心使命。"

而未来，朗捷通将继续深耕智慧城市领域，布局智慧城市总体建设，深化发展，向"具备国内领先的智慧城市咨询顾问和专家团队""具备研发创新能力的国内领先的专业化解决方案提供商和建设运营商""研发自主知识产权的智慧建筑大脑（三维可视化智慧管理云平台）""提升研发创新能力（重点布局云计算、人工智能、5G、打造创新场景）"等目标迈进。

（执笔人：索士心）

用诚信与服务打造三十年本土安防品牌

顾放
苏州市安防协会副理事长
苏州东亚电脑监控工程有限公司董事长

2020年,是苏州东亚电脑监控工程有限公司(以下简称"东亚")成立的第三十个年头。作为苏州最早的一批安防企业,成立于1989年的东亚与董事长顾放,亲历了安防视频监控技术自20世纪80年代在我国兴起发展至今的变化。从模拟监控技术、模数结合监控技术到数字高清监控技术,东亚在顾放的带领下,与行业一同成长至今天。

如今的东亚,在众多金融机构和大型企事业单位的安防项目实践中,造就和培养了一批批工程技术人员和工程现场施工人员,获得"守合同重信用企业""江苏省AAA级优秀施工企业"和"江苏省安全生产文明施工管理先进单位"等称号。目前,5G、智慧物联、大数据的概念越来越火,行业也正在迈向"大安防"时代。作为安防行业中的"老将",东亚始终坚守诚信经营的理念,用心服务本土企业,成为客户信赖的企业、同行中的佼佼者。

一、提升内功，专精服务

作为一家在行业沉淀了三十年的老牌本土企业，如何面对越来越激烈的安防行业的竞争，成为东亚公司在成长路上无法回避的问题。多年来，东亚着重抓好成本管理、财务管理和质量管理，努力实现现代先进技术与传统技术的嫁接，促进安防产品向数字化、网络化、智能化、集成化方向发展。

20世纪90年代初，在苏州市公安局的统一规划、统一论证、统一决策下，东亚和公安局合作建立了苏州市首家C&K自动报警接处警中心。中心自投入使用以来，在打击犯罪、提高公安工作效率、及时服务群众等方面起到了如虎添翼的积极作用，也为报警技术全面升级应用的启动夯实了基础。

随后，东亚开始主要服务公安与金融系统客户。作为苏州第一批成立的安防企业，东亚在安防业发展与变革的大潮中，见证了无数企业的高调进场与黯然出局。比起有些企业快速扩张、抢占市场的急功近利式策略，顾放认为，扎根本土，立足行业，"有多少能力做多少分事情"才是长久发展的良方。

东亚以尊重和维护自有声誉为出发点，以高标准、高要求严把质量关。把服务做精做专，是东亚的一大特点，也是公司几十年如一日立足安防业始终秉承的理念。正因此，东亚凭着高质量的服务在客户之中有口皆碑。在东亚人眼中，对技术与服务负责，更是对用户与品牌的负责。在强化技术内功的同时，在售后服务上，东亚立足"客户至上"，致力于提供高质量的服务。只要客户遇到问题，无论何时何地，东亚都会及时响应，争取第一时间提供解决方案。诚如顾放对公司员工所说的那样，"对待客户要学会换位思考"，无论客户有什么问题，东亚的员工都"不埋怨，不抱怨"，第一时间开展售后服务。

公司始终把技术革新作为企业发展的重中之重，及时跟进行业的技术发展，深耕一线安防领域。在几十年的发展中，东亚先后通过了ISO 9001建筑智能化工程（安全技术防范系统）的设计、施工和维护服务体系认证，ISO 14001建筑智能化工程（安全技术防范系统）的设计、施工和服务及其所涉及场所的相关环境管理活动体系认证、145001安防技术防范系统的设计、施工和服务及其所涉及场所的相关职业健康安全管理活动体系认证。东亚具有电

子与智能化工程专业承包二级、安防工程企业设计施工维护能力一级资质。同时，东亚也是中国安防协会常务理事单位、苏州市安防协会副理事长单位。

二、诚信经营，低调做事

作为苏州市安全协会常务理事单位，东亚获评2019年度四星级诚信单位。"诚信"作为东亚的一张金名片，让这个苏州老牌本土企业在客户之中有口皆碑。"万事讲究'诚信'二字"。几十年的行业积淀让顾放意识到，诚信永远都是第一位的。企业如人，顾放为人低调谦和，讲求信用，东亚几十年来的发展路线也有此风格。

在外人眼中，东亚的规模虽然难以比肩市场庞大的龙头企业，但作为苏州本土企业的"前辈"和"老将"，东亚脚踏实地做好自己的事情，从容不迫、踏踏实实地在行业扎根三十余年，始终致力于服务苏州本土客户，构建"客制化"服务体系，提供更精准细致的服务。

前不久，东亚运用监控技术对老旧小区内44个老车库进行改造，实现了车库内的无人值守、智能充电，视频监控平台的设置有效减少了小区内车辆的乱停乱放现象。监控技术的火灾报警功能，在方便居民生活的同时更保障了居民的安全，也有助于社区内车辆的管理，得到了社区居民的一致认可。

三、不忘初心，回馈社会

2020年，在新冠肺炎疫情冲击下，安防企业面临着前所未有的压

力。一方面,在疫情防控的关键时期,除短期内的部分应急管理、红外测温项目外,更多的项目招投标工作处于停滞状态,在手项目完工时间延后,业务服务无法开展,对企业经营业绩产生不利影响。另一方面,疫情时逢春节假期,假期的延长导致上游原材料企业复工复产延迟,使得各类设备器件出现不同程度的价格上涨,带来相关成本支出的上升。疫情肆虐期间,东亚在保证生产安全的基础上,积极履行社会责任,把疫情防控作为当前最重要的工作,落实好公司内部防控,积极配合政府做好抗击疫情工作。

以感恩之心回馈社会,东亚积极参与社会公益活动,为苏州公益事业发展做贡献。在昆山市蓝天特殊儿童训练中心,东亚曾派员工为特殊儿童送上圣诞礼物,陪孩子们欢度节日。

安防行业瞬息万变,扎根在行业一线的东亚将始终以诚信、开放的姿态深耕金融、公安等安防服务领域。2020年注定是不平凡且充满考验的一年,作为协会的理事单位,东亚将与协会在新的环境、新的市场中砥砺前行,与协会一起建设智慧、平安的苏州城。

(执笔人:索士心)

稳中求变　顺势而为

林松

苏州市安防协会副理事长
苏州市特种守押保安服务有限公司董事长

在苏州吴中经济开发区兴吴路98号,有着一处占地面积55.6亩、建筑面积5.2万平方米的建筑群。这里,就是苏州市特种守押保安服务有限公司,一个兼具集约化和信息化的专业守押基地。

苏州市特种守押保安服务有限公司(以下简称"苏州守押")成立于2001年10月,注册资本7761.27万元,是苏州城市建设投资发展有限责任公司下属全资子公司,业务范围涉及金库守护、武装押运、金融外包等,拥有自建金库和集枪弹库、监控中心、业务调度中心为一体的金融押运指挥调度系统,形成了覆盖市区的押运网络体系。

安防行业瞬息万变,董事长林松身处其中,见证着公司的发展与壮大,带领着公司稳中求变。作为一家成立近二十年的安防企业,苏州守押为维护苏州市金融秩序的稳定做出了积极贡献,取得了苏州市质量资质5A等级,通过了五星级保安服务等企业资格认定，先后获评"江苏省用户满意服务明星企业"、省市"优秀保安服务公司"，曾当选为苏州市安全技术防范行业协会、苏州市道路交通安全协会首届理事会理事单位。

多年来，苏州守押紧抓行业脉搏，根据不断变化的服务需求，积极探索适应自身未来发展的服务机制、服务模式、服务内容，在立足主营业务的基础上推进业务布局多元化，力求形成具有苏州守押特色的服务管理体系。

一、做精做细，深耕传统押运业务

作为苏州市区目前唯一一家从事武装守护押运行业的特种服务公司，苏州守押为有运送现金、贵重物品等需求的客户提供全程武装守卫、专车运输、监控定位的专业押运服务。服务内容涵盖：各银行营业网点早送晚接服务；银行网点现金中间调拨及人民银行大宗现金调拨服务；相关企事业单位上门收（送）款服务；银行、企业市区或长途的现金调拨、贵重物品、重要凭证押运服务；银行网点（款箱）提解服务；外汇、黄金、书画等贵重物品的长途押运服务；临时押运护卫服务；等等。公司始终坚持经济效益与社会效益并重，连续多年承接苏州市人力资源和社会保障局、相城区及吴中区教育局、吴中区人力资源和社会保障局各类试卷押运服务，2020年还承接过相城区及吴中区教育局中高考试卷押运服务。目前公司有专职守押护卫队员800余人，制式防弹运钞车200余辆，其中106辆肩负网点任务，共覆盖苏州824个网点，即每日完成所服务银行网点现金的早送与晚接押运任务，每辆车平均负责近8个网点的押运。上门收款服务点共计400余处，每辆车每天分配七八处，涉及如中石化、华润、苏州全部医院及大型卖场等核心企业。一年365天，无论严寒酷暑，都能看到苏州守押运钞车穿梭于城市各个角落的身影。

二、做大做强，打造金库品质业务

"苏城金库"作为苏州守押深耕细作传统押运业务的缩影，于2015年建设完成，2017年下半年正式对外启用，截至2019年年底，

苏州市有现金存放和清分需求的商业银行现金库、清分车间已全部进驻苏城金库。该金库是目前全国地级市中唯一一个商业银行现金库全数进驻的集中金库，为全国相似类型企业的转型升级提供了创新思路与成功经验，也是当前全市深化推进平安苏州建设必不可少的一大助力。在运营、管控等方面，苏城金库遵循集约化、信息化、便捷化原则，分隔成30个库房，配备专业的库房管理团队，为进驻商业银行提供标准金库、现金库房、贵金属库、重控凭证库、现金清分车间等功能性场地及款箱（库包）租赁守护服务，即将启用的中国人民银行苏州中心支行代理发行库，使各进驻商业银行可以足不出库完成现金业务所有流程，在简化操作的同时，确保商业银行库房与各网点之间现金业务流通的安全与便捷。苏城金库的建设标准达到国家金融行业银行金库GA858建设标准，AI智能和移动互联新科技与行业安防高标准深度融合，达到国家一类库防范等级。为更好地发挥苏州守押的基点效应，扩大品牌影响力，公司建造完成了符合国家安全标准、安防级别与苏城金库同等的独立保管库，提供专业保管箱及配套系统，面向机构、企业及个人开放包括黄金、珠宝首饰、有价证券、机密文件、名贵字画、藏品等贵重物品在内的一站式存管服务。未来，苏州守押将紧紧围绕苏城金库开展一站式金库托管服务。

三、稳中求变，打造产业链外包服务模式

近二十年的行业深耕让苏州守押在主营守押业务方面集聚了多方

优势。自 2001 年成立以来就合法配备了枪支，同其他不具备武装押运资质的企业相比，可提供更为专业、安全、可靠的服务。作为国有企业，苏州守押的认可度和社会公信力较高，具有一定的品牌基础，与苏州市各商业银行保持着长期合作关系，在双方共同努力下维护着城市金融秩序的稳定。当前，互联网金融发展势头强劲，移动支付、网络支付日益普及，"互联网＋"引领的新经济正深刻改变着金融行业，银行电子业务量的快速放大使得现金使用与投放呈不断缩小趋势，各商业银行均已对原有人工网点进行撤销、合并，或将其改为自助网点，这给主营业务依赖现金、客户对象依赖银行的守押公司带来极大冲击。然而行业发展趋势是把双刃剑，有危机的同时也存在一定的战略发展机遇。互联网迅猛发展下的数字金融形成了有待开发的金融外包市场，如何利用武装守押独有资质、苏城金库安全防范优势和与银行客户关系的资源优势涉足该领域，延伸武装守押产业链、向金融外包综合服务商转型，是公司今后需要探讨的一大课题。基于苏城金库成熟的管理模式和经验，公司后续将以此为依托，逐步拓展现金管理服务，力求形成现金存放—清分（配钞）—配送—回收—存放的闭环管理。除此以外，还计划整合各类相关服务和资源，通过提供专业的业务规划咨询、项目管理人员、业务操作人员、软硬件系统设备及运营管理服务等，开展如金融机构后台集中处理、信用卡外包、呼叫中心及客服中心等定制化业务流程外包服务，促进产业链的多元化。

　　央行自 2019 年便开始调研推行现金社会化管理模式，人民银行苏州中心支行作为全国 6 个试点区域之一，选定苏城金库为区域现金处理中心代理发行库。目前，代理发行库正在建设中，公司也一直积极向人民银行争取代理行能入驻苏城金库，国家、省、市三级央行领导已于 2019 年 5 月对苏城金库进行了考察，对其规模、安全措施和管理表示认可，并达成初步意向，代理发行库的入驻将进一步减轻现金调拨风险，绑定商业银行现金业务，有助于公司后续拓展金融外包业务。此举不仅是金融创新的重要举措，更是贯彻习近平新时代中国特色社会主义思想，体现"新时代、新特征"的具体实践。

四、顺势而为，迈向智慧安保服务供应商

秉承"科技引领、创新守押"的企业发展新思路，苏州守押以安全为理念、文化为核心、建筑为载体、物联为延伸，通过和技术型企业合作，打造专属性更强的保障平台——金融物流平台。该平台利用物联网技术并结合GPS定位技术，实现对金融物流过程中涉及的"人、车、枪、钱、库"进行有效、可控监管，提高运营效率和风险控制等级，实现业务的信息化、智能化。武装守押行业的客户群体中不乏银行业金融机构、高端写字楼、政府部门等，他们对安全服务需求多、要求高，在为其提供服务的同时，公司也获取了大量与安全相关的数据信息。因此，未来苏州守押将全面启用交接PDA（金融物流平台中的一项功能，简称手持交接终端），推动建立灾备数据中心，在提供服务的同时获取与安全相关的数据信息，走科技安防道路，为特定客户群体提供个性化服务。

五、战"疫"一线，守押不停转

2020年是不平凡的一年，突如其来的新冠肺炎疫情给所有安防企业带来了极大的挑战。疫情之初，作为特殊性质的企业，无法停工，

苏州守押突出重点，深入细致地开展各项防控工作，加强组织领导，压紧压实责任体系，做好应急预案，成立新型冠状病毒感染的肺炎疫情防控工作领导小组，及时传达、贯彻上级精神，结合守押特点和疫情进展，对疫情防控工作再强调、再部署，确保责任落实、防控措施、全面排查、物资保障、有效隔离、秩序稳定"六到位"。在加强守押人员自身防护的前提下，公司集中人员、集中车辆，统一指挥、合理调度、压减网点，日均派出105辆运钞车、571名押运队员，有条不紊地完成苏州市811个银行网点的武装押运工作，保障了全市各金融单位疫情期间金融押运工作不间断。公司更是坚决贯彻央行总行关于"疫情期间银行现金必须消毒后再投放"这一工作要求，于库区建立现金消毒处理中心，共设置8间消毒间，对执行任务车辆进行全方位消毒，并安装专业消毒设备，消毒出入库包，为防疫期间市民用上"放心钱"服务。

面对新一轮国企转型发展，苏州守押将以规划引领，党建护航，着力于企业转型升级，在改革中创新求变，努力从市场找资源，靠市场求发展，提升科技含量，实现服务内容和对象的多元化，打造苏州一流金库，形成"苏州守押"品牌。

（执笔人：胡明宇）

夯实国内领军地位 打造百年通鼎品牌 书写新时代担当

沈小平

苏州市安防协会副理事长
通鼎集团、通鼎互联信息股份有限公司董事局主席

驱车沿318国道进入苏州吴江国家火炬计划光电缆产业基地,"小平大道"的路名牌十分醒目。"小平大道"就是以通鼎集团董事局主席沈小平先生的名字命名的。正对着通鼎集团大门的巨幅广告牌上,"通,容天下;鼎,立久远"的企业发展理念让人过目不忘。我们对沈小平先生的专访从参观公司展厅、了解公司发展历史开始。

一、通鼎集团:聚焦、做强主业,着力推进多元领域发展

通鼎集团创建于1999年。集团是专业从事光棒光纤光缆、通信电缆、铁路信号电缆、城市轨道交通电缆、射频电缆、特种光电缆、光器件仪器仪表、机电通信设备、线缆及配套产品的研发、生产、销售和工程服务,并涉足互联网应用、房地产、物联网、金融、酒店服务等多元领域的民营企业集团。目前,建有吴江光

通信产业园和震泽通鼎科技产业园两大产业集聚基地,旗下有包括控股子公司在内的实体型业务单位共32家。

集团荣获中国企业500强、中国民营企业500强、中国企业竞争力500强、中国制造业企业500强、中国服务业企业500强、中国机械企业500强的称号,并获得中国名牌产品、全国守合同重信用企业、国家火炬计划重点高新技术企业、国家科技创新示范企业、工业企业质量标杆、中国优秀民营科技企业、中国通信行业领军企业、江苏省优秀企业、江苏省百亿规模企业、江苏省自主工业品牌50强、江苏省民营企业纳税大户等资信荣誉,第3021550号"通鼎光电"商标于2007年9月在工商总局下发的文件中被认定为中国驰名商标。

2010年10月21日,集团旗下核心企业之一通鼎互联信息股份有限公司在深交所成功上市。公司以市场为导向,面对国家通信光电线缆行业快速发展的机遇和空间,聚焦主业,做强主业,着力推进以项目为带动的产业结构调整,在光电材料、光纤光缆、特种光电缆、通信机电设备以及物联网应用领域横向拓展。纵向延伸产业链条,拥有从光棒、光纤、光缆、特种光电缆到光纤传感、通信设备、房产担保、移动互联网业务、新能源、高端精密设备等业务板块和完整产业链及系统解决方案。特色鲜明的主业、多头并进的业务板块,形成了通鼎独特的规模优势和市场技术服务优势。

集团先后通过了ISO 9001:2008质量管理体系认证、ISO 14001:2004环境管理体系认证、OHSAS 18001职业健康安全管理认证、SA 8000社会责任体系认证、TL 9000体系认证,通过十环认证、测量管理体系认证,并获得人民银行3A级企业资信等级证书。通信电缆、光纤光缆、射频电缆、特种光缆等产品均通过泰尔认证中

心认证、美国 UL 认证，公司检测中心获得 CNAS 认证，同时获得广电、总参、国电通信中心的进网许可证。产品在电信、移动、联通、铁通以及广电、国防、电力、铁道、高速公路、矿山、油田等诸多领域得到了广泛应用，市场覆盖全国各省、市、自治区，并先后出口美国、乌克兰、越南、白俄罗斯、墨西哥、巴基斯坦等国家。

集团坚持一元为主、精准多元的战略发展方向，聚焦光电线缆制造领域，延伸产业链条，拥有从光棒、光纤、光缆、特种光电缆到光纤传感、通信设备、房产担保、移动互联网服务、高端精密设备等业务板块和完整产业链，成为行业技术专家和市场领跑先锋。

二、院士工作站、省级重点实验室为企业产品研发赋能

集团成为行业技术专家和市场领跑先锋，得益于拥有一批在国内外享有盛誉的专家和高级技术人才。集团先后成立了院士工作站、博士后科研工作站、企业技术中心、企业检测中心、江苏省通鼎光纤传感技术工程中心、江苏省光通信材料重点实验室、北邮-通鼎光纤技术联合实验室、江苏省通鼎光纤工程技术研究中心、苏州市通鼎光纤光棒技术研究院、中科-通鼎光通信研究院，组建企业科协，与南京大学等十余所著名高等院校、科研机构、设计院等建立了广泛的合作。与北京邮电大学合作的分布式光纤传感定位系统、第三代移动通信用射频同轴电缆和 GYFXTF 微型光缆项目都被列入了国家火炬计划项目，高精度耐用型光纤光栅温度检测系统也被列入国家创新基金项目。目前集团拥有专利 626 项，其中发明专利 46 项。

三、董事局主席沈小平先生：用责任和大爱书写新时代担当

"企业发展了，更应不遗余力地奉献社会"，这是集团董事局主席沈小平先生一直以来坚守的人生信条。在与沈小平董事长交谈的过程中，虽然他只是简要地介绍了集团的发展，却让我们感觉到他对集团的发展十分自信，有全盘把握、指挥若定的大将风范。更多的时候，他谈的是，企业发展了，要尽可能地去奉献社会。沈小平董事长是这样说的，更是这样做的。

多年来，通鼎集团已经向慈善机构和社会公益事业捐款超7亿元，在南京大学、中国人民大学、北京师范大学、东南大学、南京审计学院、南京邮电大学、南京财经大学、北京交通大学、北京邮电大学等多所高校举办了捐资助学活动，为中国的教育事业和科技创新发展贡献力量，被地方评为慈善标兵单位、爱心企业，并于2015年12月被民政部授予第九届"中华慈善奖"提名奖。董事长沈小平分别于2010年4月、2011年7月、2012年4月和2013年4月四次获得"中华慈善奖"，荣获2013年度慈善推动者、第二届中华慈善突出贡献个人奖、全省依法经营履行社会责任优秀企业家、江苏省首届慈善之星、江苏省十大风云人物社会责任大奖、首届江苏慈善奖。2012年4月，沈小平董事长位列福布斯"2012中国慈善榜"江苏企业家首位，被誉为"江苏首善"。2016年10月，沈小平董事长位列"胡润IT榜"第39位，排江苏企业家首位。2017年4月，沈小平董事长被评选为"中国十大慈善家"。

沈小平董事长和通鼎集团连续6次获得民政部"中华慈善奖"，他本人3次获得"全国十大慈善家"称号，获得"2019年全国脱贫攻坚奖""2019年全国模范退役军人""全国优秀企业家""2018中国经济年度人物""中华慈善突出贡献个人""江苏省最具爱心慈善行为楷模""江苏省慈善之星""改革开放40年百名杰出苏商"等奖项和荣誉称号。

2019年12月28日，在苏州市慈善总会主办的"文明苏州、向上向善"2020年苏州市新年慈善晚会上，沈小平等6人被授予"苏州市优秀慈善家"称号，同时大会表彰3家"苏州市优秀慈善单位"、15个"苏州市优秀慈善项目"和10家"苏州市慈善服务先进单位"。江苏省委常委、苏州市委书记蓝绍敏，苏州市市人大常委会主任陈振一，市政协主席周伟强，市委副书记朱民出席晚会并颁奖。沈小平董事长在接受采访时说："脱贫是开始，致富是根本。近年来，通鼎集团将社会责任聚焦国家精准扶贫领域，倾力支持国家脱贫攻坚战的顺利完成。慈善只有起点，没有终点。同时，通鼎集团也更加关注苏州本土弱势群体、困难群众，用善心善行满足他们对美好生活的向往，为全面建成小康社会做出贡献。"

"为客户提供高质量的产品和服务是通鼎集团的不懈追求；打造百年通鼎品牌，致力振兴民族产业是通鼎人的使命；夯实国内领军地位，打造世界知名品牌是通鼎人奋斗的目标。"在专访快要结束的时候，沈小平董事长的这段话，让我们所有人都印象深刻且精神振奋。

通鼎人将秉承一步一个脚印的实干精神，传承诚信经营、科学决策的发展理念，继承以人为本、科技创新的文化灵魂，用责任和大爱书写新时代担当，为打造百年通鼎而努力拼搏。

（执笔人：胡明宇）

发展记录

苏州市安全技术防范行业协会发展大事记

2010 年

12月28日　举行协会成立仪式，召开一届一次会员大会暨一届一次理事会。

2011 年

2月28日　起草《苏州市安全技术防范行业协会技委会及专家管理办法》。

3月8日　由苏州市公安局信通处主持，协会协助召开了警民恳谈会。

3月22日　赴上海、昆山安防协会学习、考察。

4月1日　召开协会一届一次常务理事会。

4月8日　召开协会技委会成立及专家聘任大会，首批聘任了业内23名专家。

4月8日　协会召开专家培训会。特邀上海市安全防范报警协会理事长孙廷华、上海市公安专科学校高级兼职教官、《中国公共安全》杂志编委、上海市建设工程评标专家孙国强就技防工程的设计方案评审和技防工程竣工的验收等方面进行了讲解。

4月28日　南京市公安局科信处技防办汪兆斌、张亚忠，南京市公安局栖霞分局技防办崔博、余广成、张桂元，南京市政法委综合处葛颖，南京市住建委物管办程文宗七人来访协会。

4月28日　召开协会专家座谈会，起草《苏州市住宅小区安全技术防范系统要求》。

4月29日　协会起草安防系统初步设计方案评审流程（征求意见稿）和苏州市安防系统初步设计方案评审表。

5月3日　协会筹办《苏州安防》内刊、苏州市安全技术防范行业协会网站。

5月5日　召开协会一届二次常务理事例会。

5月16日　参加由市民政局、财政局等在市图书馆会议室举办的关于社会团体"小金库"治理工作的会议。

5月25日　参加机动车停车管理系统新技术交流会。

5月27日　组织参观第十一届上海社会公共安全产品国际博览会。

6月2日　协会与杭州海康威视联合举办海康威视2011"新坐标心随动"技术产品交流会。

6月9日　召开协会一届三次常务理事会。

7月7日　召开协会一届四次常务理事会。

7月16日　召开专家座谈会，制定了《苏州居民小区标准》。

7月29日　召开协会一届二次理事会暨上半年工作总结会。

7月29日　协会印发《苏州安防》2011年7月总第1期。

8月4日　召开协会一届五次常务理事会。

8月11日　起草《苏州市社会治安技术防范管理规定》，并向市政府法制办公室提出列入2012年地方规章的立法建议。

8月24日　协会与苏州科达科技有限公司联合举办以"智能、综合安防，助力科技城建设"为主题的安防技术交流会。苏州市公安局副局长陈斌华等领导出席本次活动并做出重要指示。

9月1日　召开协会一届六次常务理事会。

9月16日　召开《苏州市社会治安技术防范管理规定》立法项目论证调研会准备会议，苏州市公安局法制办薛金高、苏州市公安局技防办蒯学文等出席了会议。

9月20日　苏州市公安局副局长陈斌华、苏州市安全技术防范行业协会理事长廖亚萍以及苏州市公安局信通处技防办领导出席由市人大常委会办公室召开的关于地方性法规建议项目《苏州市社会治安安全技术防范管理规定》的立法项目论证调研会。

9月27日　召开座谈会,共同讨论安全系统防范标准的相关事项。

10月13日　召开协会一届七次常务理事会。

10月18日　协会与南京艾迪恩斯数字技术有限公司、NPE恒业国际控股集团、苏州市天酬通信科技发展有限公司以及上海雷迅防雷技术有限公司四家单位联合举办以"安防之道我们知道——平安苏州"为主题的技术交流会。

10月29—11月1日　协会组织参观深圳2011(第十三届)中国国际社会公共安全产品博览会。

11月8日　参加苏州市公安局(县、市)技防工作座谈会。

11月12—13日　协会与苏州市公安局技防办、城市商报、苏州赛格电子市场联合举办"智慧城市、智慧苏州"第九届苏州市防盗用品科技展。

11月17日　召开协会一届八次常务理事会。

12月8日　召开协会一届九次常务理事会。

12月20日　参加昆山安防迎春晚宴。

12月26日　召开一届二次会员大会暨一周年庆筹备会议。

12月28日　召开协会一届二次会员大会暨一周年庆。省公安厅指挥中心政委薛宏伟、市公安局党委委员、市委610办公室主任陈斌华、市综治办、民政局、技监局、科技局、市公安局技防办等单位领导以及一百多家会员单位的近两百名代表出席了会议。

12月28日　召开协会一届三次理事会。

12月28日　协会印发《苏州安防》2012年1月总第2期。

2012年

1月5日　召开协会一届十次常务理事会。

2月2日　召开协会一届十一次常务理事会。

2月7日　常州市公安局技防支队副支队长龚频春、综合科主任蒋芸等领导来访协会。

2月14日　江苏省公安厅科技处领导在协会召开省公安厅公安科技管理与技防工作专题研讨会。

2月22日　赴昆山安防协会学习、考察。

3月1日　正式投入运行"苏州市技防工程信息化管理系统"，全市安防工程的评审和验收统一通过协会网站，实行网上申报。

3月2日　昆山市公安局技防办、昆山市安防协会以及技委会领导来访协会。

3月8日　召开协会一届十二次常务理事会。

3月11日　协会正式成为中国安全防范行业协会团体会员单位。

3月30—31日　协会应邀中国安全防范产品行业协会参加全国地方安防协会工作座谈会。

4月12日　召开协会一届十三次常务理事会。

4月20日　协会与深圳英飞拓科技股份有限公司联合举办高清数字系统技术交流会。

4月27日　召开协会部分安防制造（代理）企业负责人恳谈会。

5月3日　召开协会一届十四次常务理事会。

5月9日　组织参观第十二届上海社会公共安全产品国际博览会。

5月17日　协会与杭州海康威视数字技术股份有限公司举办新技术及产品解决方案交流会。

5月23日　协会与松下电器（中国）有限公司、苏州冠联智能科技有限公司联合举办松下电器安防系统新产品发布会。

6月8日　协会召开一届十五次常务理事会，苏州市公安局党委委员、610办公室主任陈斌华出席本次会议。

6月19日　无锡市公安局技防办领导来访协会。

7月5日　召开协会一届十六次常务理事会。

7月9—11日　参加苏州市社会组织评估及能力建设大会。

7月20日　召开协会一届四次理事会暨上半年工作总结，市公安局党委委员、市委610办公室陈斌华主任出席会议。

8月14日　赴昆山安防协会学习技术人员培训以及申报4A等级

社会组织的事项。

8月16日 召开部分专家座谈会。

8月17日 参加2012年社会组织登记评估培训会。

9月6日 召开协会一届十七次常务理事会。

9月24日 召开江苏省创建放心消费试点单位考核验筹备会议。

9月25日 市民政局陈燕颜副局长率市社会组织等级评估小组一行7人对协会申报4A等级社会组织进行考评。市公安局党委委员、市委610办公室主任陈斌华出席考评会。

9月27日 协会印发《苏州安防》2012年10月总第3期。

10月11日 召开协会一届十八次常务理事会。

11月8日 召开协会一届十九次常务理事会。

12月3—5日 组织参加北京2012中国国际社会公共安全产品博览会。

12月12日 召开协会一届二十次常务理事会。

12月28日 召开协会一届三次全体会员大会暨成立2周年联谊活动。省公安厅指挥中心政委薛宏伟，市公安局党委委员、市委610办公室主任陈斌华，市综治办指导处处长孙百合，市民政局社会组织管理处孙明扬，市科技局农村与社会发展处处长陆晓春，市质量技术监督局监督处处长杨修和，市公安局科信处处长施庆华、政委汤勇仁，中安协南京评审部领导出席本次活动。

12月28日 召开协会一届五次理事会。

12月28日 协会印发《苏州安防》2013年1月总第4期。

2013年

1月24日 召开协会一届二十一次常务理事会。

3月7日 召开协会一届二十二次常务理事会。

3月13日 召开编著安防技术人员培训资料座谈会。

3月21日 参加浙江大华产品推介会。

3月22日 参加南京安全技术防范行业协会第二次会员大会。

3月28日 参加苏州市创建全国消费放心城市指挥部办公室召开

的创建行业工作例会。

4月18日　召开意向申领安防资质工程会员单位座谈会。

5月7日　协会与浙江大华智网科技有限公司联合举办智能小区合作伙伴交流会。

5月9日　召开协会一届二十三次常务理事会。

5月10日　协会与深圳英飞拓科技股份有限公司联合举办2013年英飞拓路演活动。

5月14日　召开协会候选专家考评会。

5月22日　组织参观第十三届上海社会公共安全产品国际博览会，苏州市安防协会廖亚萍理事长出席开幕仪式。

5月23日　南京市安全技术防范行业协会来访协会。

6月5日　组织观看无锡市社会管理综合治理委员会举办的物联网安防应用展示活动。

6月6日　协会与松下电器（中国）有限公司、苏州冠联智能科技有限公司联合举办2013年松下安防新产品推广会。

6月18日　扬州市公安局科信处、技防办领导来访。

6月20日　组织参加省内安防协会合作交流会暨南京九竹科技安防产品推介会。

6月27日　协会与苏州科达科技股份有限公司联合举办2013年度体验式交流会。

7月4日　召开协会一届二十四次常务理事会。

7月18日　召开协会一届六次理事会。

7月18日　协会印发《苏州安防》2013年7月总第5期。

7月28—29日，参加中国安全防范产品行业协会举办的视频监控专业组成立会议暨视频安防监控学术研讨会、安防科技成果推广暨供需洽谈会。

8月7—9日，参加中国安全防范产品行业协会五届二次常务理事会。

8月29日　中国安全防范产品协会领导来访。

9月6日　召开协会新聘专家培训会。

9月6日　参加民政局4A组织授牌仪式。

9月12日　召开协会一届二十五次常务理事会。

9月25日　协会与苏州市公安局技防管理部门联合举办苏州市安防地方标准修订研讨会。

10月15日　赴常州市公安局学习考察。

10月28—30日　组织参观2013深圳安博会，苏州市公安局党委委员、市委610办公室主任陈斌华，苏州市公安局科信处汤勇仁政委出席本次活动。

11月8日　召开协会一届二十六次常务理事会。

12月5日　召开协会一届二十七次常务理事会。

12月12日　参加中国安全防范产品行业协会五届三次理事会议、五届三次常务理事会和专家文员会全体专家会议。

12月19日　召开协会专家会议，研究技术人员培训班相关事宜。

12月24日　举办首批苏州市安防技术知识培训班。

12月28日　召开协会一届四次会员大会。市公安局党委委员、市委610办公室主任陈斌华，市政法委、市质检局、市民政局、市科技局、市局科信处领导，以及南京、镇江、常州、昆山、常熟、园区安防协会领导参加了会议。

12月28日　召开协会一届七次理事会。

12月28日　协会印发《苏州安防》2014年1月总第6期。

2014年

1月8—9日　参加昆山市安全防范行业协会二届三次会员代表大会暨江苏省内安防协会联盟交流会。

1月16日　召开协会一届二十八次常务理事会。

3月6日　召开协会一届二十九次常务理事会。

3月12日　上海安全防范报警协会来访。

3月14日　召开苏州市安防技术人员培训授课提纲统稿会。

3月20日　组织参观2014（第十三届）南京社会公共安全防范产品及技术展览会。

4月3日　召开协会一届三十次常务理事会。

4月9日　举办第二期苏州市安防技术知识培训班。

4月10日　赴泰州靖江市安防企业进行交流学习。

4月17日　协会与杭州海康威视数字技术股份有限公司联合举办2014新品发布会暨第二届IVM（智能可视化管理）论坛。

4月28—29日　参加苏州市民政局委托苏州市社会组织促进会举办的专职工作人员"千人培训计划"。

5月8日　召开协会一届三十一次常务理事会。

5月16日　参加东莞市公共安全技术防范协会成立大会暨揭牌典礼。

5月22日　协会与松下系统网络科技（苏州）有限公司、苏州冠联智能科技有限公司联合举办2014年松下安防监控新品推广会（苏州站）。

6月3日　协会组织参观第十四届上海社会公共安全产品国际博览会。

6月13日　组织参加由深圳市安防协会与中国智能高清视频产业联盟等发起主办、CPS中安网承办的公益活动——第三届百城会。

6月18日　参加由美亚美、利邦、爱德声共同举办的苏州巡展活动。

7月3日　组织参加苏州市公安局在苏州科达科技股份有限公司召开的全市视频图像建设应用技术交流会。市公安局党委委员、市委610办公室主任陈斌华，市公安局科信处汤勇仁处长，市公安局科信处、刑警支队领导，各市（区）公安局科信大队、刑警大队分管领导，以及市区各公安分局指挥中心、刑警大队分管领导出席会议。

7月9日　召开协会一届三十二次常务理事会。

7月16日　参加中国城市轨道交通网主办的长三角城市轨道交通安全与运营管理专题论坛。长三角地区轨道交通公司领导、中国安防协会专家委专家、中国安防线缆联盟及防爆、安检企业领导出席论坛。

7月31日　召开协会一届八次理事会，苏州市公安局党委委员、市委610办公室陈斌华、苏州市公安局科信处汤勇仁处长等出席本次活动。

8月20日 参加中国安全防范产品行业协会五届三次常务理事会。

9月3日 召开协会一届三十三次常务理事会。

9月18日 举办第四期苏州市安防技术人员培训班。

9月23日 协会与深圳华越力合科技有限公司联合举办华越力合远距离高清视频指挥系统产品推介会。

10月23日 参加捷顺产品推介会。

10月27—29日 组织参观2014年中国国际社会公共安全产品博览会。

11月6日 召开协会一届三十四次常务理事会。

11月13日 参加中国安防线缆标准起草研讨会。

11月27日 协会与杭州海康威视数字技术股份有限公司联合举办海康威视产品推荐会。

11月27日 深圳安防协会来访。

11月28日 组织参加由联盟秘书处和中国公共安全杂志社主办,锡捷科技服务(上海)有限公司协办的安防监控存储科技创新产业联盟第一届理事会二次会议暨2014年第二届安防监控存储论坛。

12月18日 召开协会一届三十五次常务理事会。苏州市公安局党委委员、市委610办公室陈斌华参加了本次会议。

12月28日 召开协会一届五次会员大会暨换届选举。

12月28日 召开协会一届九次理事会暨换届选举。

2015年

1月16日 参加2015昆山安防协会第二届第四次会员代表大会活动。

1月28日 参加常州市安防协会二届三次会员代表大会。

1月29日 召开协会二届一次常务理事会。

3月12日 召开本协会二届二次常务理事会。

3月26日 组织参观2015(第十四届)南京社会公共安全防范产

品及技术展览会。

3月27日　参加全国城市安防协会合作互助联盟南京会议。

4月9日　协办2015海康新品发布会暨第三届IVM（智能可视化管理）论坛。

4月21日　协办"2015年智汇安防、触手可及"三星安防新品推介会。

5月6—8日　参加中安协五届五次理事长工作会暨五次常务理事会。

5月7日　召开协会二届三次常务理事会。

5月7—9日　协会与苏州新华展览公司联合举办2015华东公共安全暨智能家居产品展。

5月13日　召开诚信建设座谈会。

5月20日　组织参加第十五届上海安博会。

5月26日　参加NGO知识产权保护与法律风险防范讲座。

6月5日　召开专家培训研讨会。

7月2日　召开协会二届四次常务理事会。

7月8日　协办超越IP安防IT化2.0——2015宇视科技全国产品巡展。

7月16日　召开协会二届一次理事会。

7月16日　举行协会微信公众平台上线仪式。

7月17日　组织兄弟安防协会负责人参观了科达公司。

8月6日　协会与ABB联办可视对讲及智能控制系统技术交流会。

8月13日　南京安防协会来访。

8月27日　召开协会二届五次常务理事会。

8月27日　召开一届一次诚信委员会会议。

8月27—29日　参加全国城市安防协会合作互助联盟一届二次会议。

9月10日　组织第五期安防技术人员培训班。

9月18日　协会与苏州大学凤凰传媒学院举办共建合作大会。

10月13日　参加科达20周年庆暨2015新品巡回发布会。

10月15日　召开协会二届六次常务理事会。

10月15月　召开协会一届二次诚信委员会会议。

10月22日　参加江苏省内安防协会合作交流会第四次会议。

10月27—30日　组织参加第十五届中国国际社会公共安全博览会。

11月5日　参加中国安防视频监控专家研讨会。

11月23日　协会与中国安防展览网战略合作。

12月17日　参加扬州市安防协会年会。

12月18日　召开协会二届七次常务理事会。

12月18月　召开协会一届三次诚信委员会会议。

12月20日　参加松下系统网络科技有限公司20周年庆典活动。

12月24日　参加中安协五届五次理事会。

12月28日　召开协会二届一次会员大会暨诚信建设推进会和专家报告会。

12月28日　《苏州安防》首期新闻出版部门批准刊号出版。

2016年

1月8日　参加智慧民生，酝领先行——2016"互联网＋"战略创新发展高峰论坛。

1月15日　召开协会编辑会会议。

1月20日　参加苏州工业园区安防协会会员代表大会暨2015年年会。

1月21日　参加常州市安防协会二届四次会员大会暨2015年年会。

2月27日　召开协会第二届八次常务理事会。

2月29日　赴南宁市公安局学习交流。

2月29日　赴广西壮族自治区安防协会学习交流。

3月15日　赴苏州建设交通高等职业技术学校洽谈合作事宜。

3月19日　协会搬迁至苏州相城区御窑社区花南家园5幢304室。

3月22日　组织参加南京安防展。

3月29日　参加杭州市安防协会2015年最受关注十大评选颁奖盛典。

3月30日　组织参观杭州安防展。

3月30日　参加杭州市安防协会年会暨20周年庆典大会及欢迎宴会。

3月31日　参加全国城市安防协会合作互助联盟会议。

4月7日　参加海康威视2016新品发布会暨SDT（安防大数据技术）论坛。

4月17日　召开协会编辑会会议。

4月27日　赴上海市公安局、安防协会学习考察。

4月28日　召开协会第二届九次常务理事会。

5月5日　常熟市安防协会来访。

5月10日　参加霍尼韦尔安防华东区CMS精英会。

5月11日　协会与苏州建设交通高等职业技术学校举行"校协合作"签约挂牌仪式。

5月13日　赴长沙参加中安协第五届第六次理事长工作会议暨第六次常务理事会。

5月18日　组织参观第十六届上海国际公共安全产品博览会。

5月26日　参加苏州科达科技股份有限公司2016新品巡展会。

6月14日　参加江苏省安全防范行业协会联盟成立会议。

6月22日　参加智者领先，诚者共赢——河姆渡核心合作客户战略启动会。

6月28日　参加江苏省企业能力评价工作会议。

7月8日　召开二届四次理事会暨五次诚信会和外出考察交流活动。

7月12日　召开"苏州市安防技术新标准"首次专家讨论会。

7月14日　参加南京智慧安防项目接洽会。

7月19日　南通安全防范行业协会（筹）来访。

7月25日　召开第四次编辑工作会议。

8月1日　召开星级诚信单位评定工作第一次小组会议。

8月4日　相城区委、元和街道和御窑社区的领导走访协会。

8月10日　召开"苏州市安防技术新标准"第二次专家讨论会。

8月11日　苏州市安防协会与青海省安防协会签订合作协议书。

8月12日　参加南通市安防协会成立仪式。

8月16日　参加安防工程企业能力评价工作会议。

8月23日　参加中安协在北京举办的第一期安防工程企业设计施工维护能力评审员培训班。

9月6日　南京安防协会及中安协能评江苏分中心领导莅临协会指导。

9月6日　召开星级诚信单位评定工作第二次小组会议。

9月9日　召开苏州市安防协会二届十次常务理事会暨一届六次诚信会。

9月19日　苏州广电融媒中心来协会商谈合作事宜。

9月22日　组织部分专家赴福州考察。

9月25日　参加第二届新亚欧大陆桥安全走廊国际执法合作论坛（连云港）警用装备和安防设施展览会。

10月10日　召开安防企业能力评价宣贯培训会。

10月19日　召开第五次编辑工作会议。

10月25日　赴北京参加2016中国国际社会公共安全产品博览会。

11月3日　召开新标准讨论会。

11月10日　召开星级诚信单位评定工作第三次小组会议。

11月15日　协会与广电总台商讨合作共建协议。

11月21日　召开安防工程企业技术人员专业培训会

11月27日　参加2016中国·苏州·第八届华东城际智能建筑联盟论坛。

12月2日　召开二届十一次常务理事会暨一届七次诚信委员会会议。

12月20日　召开技防新标准培训会议。

12月21—25日　以通讯形式召开苏州市安防协会二届五次理事会议。

12月28日　召开苏州市安防协会二届三次会员大会暨星级诚信企业授牌仪式和经济报告会。

2017年

1月18日　召开第六次编辑工作会议。

1月24日　召开创新工作座谈会。

2月17日　赴天津天地伟业数码科技有限公司参观考察。

2月22日　召开苏州市安防技术新标准宣贯培训会。

3月2日　赴宁德参加中国安防百强会议。

3月10日　召开二届十二次常务理事会暨一届八次诚信会。

3月16日　组织参加杭州安博会。

3月18日　接待福建省宁德市和浦田市安防协会会长来苏交流学习。

3月20日　接待新疆安防协会来苏交流座谈。

3月22日　给广西安防协会发贺信。

3月29日　接待公安部科信局标准化处领导来苏调研。

4月12日　召开第七次编辑会议暨创新发展恳谈会。

4月20日　组织会员单位代表、技术专家赴南京参加安博会。

4月28日　召开二届十三次常务理事会暨考察、交流、会。

5月19日　参加中安协五届七次理事长工作会议暨七次常务理事会议。

5月20日　组织有关专家参加南通安防协会首届二次全体会员大会暨人脸识别技术研讨会。

5月23日　组织会员单位代表、技术专家赴上海参加安博会。

5月24日　讨论修订专家管理办法。

6月6日　赴杭州参加第二届中国智能建筑节峰会。

6月8日　召开信用建设专项资金项目申报工作会。

6月13日　参加新疆安防协会二届二次理事会。

6月18日　苏州市社会组织评估委员会对协会进行4A复评工作。

6月23日　与上海德梁安全检测有限公司商谈合作之事。

6月28日　召开二届六次理事会暨一届九次诚信会。

6月30日　参加连云港市安防协会第二届第二次全体会员代表大会。

7月6日　参加聚商圈·创价值2017（奇顿杯）江苏智慧安防产品联盟交流会。

7月7日　物价局领导莅临检查指导。

7月16日　召开第八次编辑会议。

7月21日　赴青海省安防协会考察、交流、学习。

7月28日　杭州安防协会组织理事会成员来苏考察学习。

8月23日　组织会员单位参加首届民营企业升级发展苏州高峰会。

9月1日　与众创协会讨论合作技术创新工作。

9月7日　参加2017年度苏州市社会组织党务干部培训。

9月7日　组织参加中兴通讯&河姆渡：2017全国智能建筑行业巡展。

9月8日　组织会员参加积分制管理会议。

9月18日　对新申请专家简历的初审会议。

9月27日　连云港市安防协会来访交流。

9月29日　召开第九次编辑会议。

9月30日　苏州市安防协会2017年新申请专家考试。

10月3日　参加首届中国·南京智能安防家装博览会。

10月10—12日　举办安防工程企业技术人员专业培训、考试。

10月13日　参加江苏省安防联盟会议。

10月18日　召开二届十五次常务理事会及参观爱谱华顿公司。

10月28—30日　组织会员单位代表、技术专家参加深圳安博会及参观华为公司和海能达公司。

11月10日　青海省安防协会鞠洪海会长来访。

11月17日　召开星级诚信企业和江苏省优秀安防企业评审会。

11月24—25日　参加全国安防产业发展高峰论坛暨全国城市安防协会合作互助联盟一届五次会议。

12月1日　参加团体标准《警用无人驾驶航空器系统联网管理平台》立项评审会议。

12月8日　参加西北五省区在陕西召开的安防协会工作交流会。

12月11日　组织江苏省优秀安防企业代表参加连云港安防展。

12月28日　召开二届四次会员大会暨诚信建设技术创新团体标准化会议。

12月29日　召开技术创新和团体标准化工作座谈会。

2018年

1月4日　赴苏州市职业大学考察并商谈校协合作事宜。

1月5日　苏州市安防协会通过民政部门4A级社会组织复评。

1月7日　参加"第五届中国安防杰出贡献奖"颁奖典礼。

1月13日　参加武汉安防协会会议。

1月16日　苏州市职业大学计算机学院和校企合作办领导来访洽谈合作事宜。

1月26日　参加常州安防协会会议。

1月26日　参加郑州安防协会会议。

1月29—31日　赴新疆考察并与新疆安防协会签订共建合作协议。

1月30日　参加园区安防协会会议。

2月9日　苏州市安防协会派代表走访慰问御窑社区困难户。

3月9日　吴中区工商联、妇联和女企业家协会领导莅临苏州市安防协会指导交流。

3月16日　举行团体标准化工作座谈会。

3月16日　召开二届十七次常务理事会暨团体标准化工作会议。

3月24日　参加快鱼·2018中国安防工程商（系统集成商）大会暨第十四届中国安防新产品、新技术成果展示会。

3月30日—4月3日　组织获奖的会员单位参加中国安防大数据发展高峰论坛暨第二届全国安防行业颁奖盛典。

4月9日　召开第十次编辑会议。

4月11日　组织会员单位参加企业招投标中标技能提升讲座。

4月13日　新疆安防协会副理事长李龙赴苏州市安防协会副理事长单位市苏州市特种守押保安服务公司考察交流。

4月13日　参加中国智能建筑&智慧城市行业交流暨高峰论坛（苏州站）。

4月19日　组织会员单位参加杭州安防展。

4月19日　参加沈阳安防展。

4月23日　甘肃省安防协会领导莅临苏州市安防协会交流座谈。

4月26日　组织会员单位参加南京安博会。

5月3日　参加全国安防行业协会会长、秘书长座谈会。

5月9日　苏州市公安技防部门领导走访苏州市安防协会开展工作调研。

5月10日　乌鲁木齐市招商局一行领导莅临苏州市安防协会。

5月16日　参加海康威视新品发布会。

5月17日　参加2018全球人工智能产品应用博览会·5G论坛。

5月16—17日　参加2018中国（乌镇）立体安防技术应用大会。

5月21日　内蒙古安防协会领导莅临苏州市安防协会交流座谈。

5月22—26日　赴西安参加西安安博会及与西安协会签订共建协议并召开苏州市安防协会二届十七次常务理事会。

5月23日　组织会员单位参加上海安博会。

5月28日　苏州市安全防范设计安装维护技术培训班开班。

5月29日　参加2018聚商圈·创价值第二届（奇顿杯）江苏智慧安防产品联盟交流会。

5月30日　参加韩华（三星）安防、飞利浦商显（拼接）新产品推广会议。

5月30日　参加苏州市社会组织促进会二届三次理事会暨二届三次会员大会，成为其会员。

5月31日　召开苏州市技防工程检测标准讨论会。

6月1日　苏州市职业大学领导莅临协会商定共建苏州安防行业大学签约仪式。

6月2日　参加江苏省安防协会联盟会议和南通安防协会首届三次会员大会。

6月4日　组织召开智能光纤安防系统技术讨论会。

6月5日　参加北斗江苏联盟北斗研讨会。

6月5—7日　赴西安参加河姆渡巡展。

6月8日　参加苏州市职业大学、苏州市安防协会共建苏州市职业大学安防学院签约仪式。

6月13—16日　赴山西参加全国城市安防协会合作互助联盟一届六次会议。

6月14日　参加苏州市光电缆业商会二届一次会员大会。

6月19日　安徽省安防协会来访。

6月20日　召开人脸识别进新建小区、安防产品进孤老家庭专题座谈会。

6月21—23日　与甘肃省安防协会签订共建合作协议。

6月27日　赴南京参加安防工程设计、施工、维护证书初审员考试。

6月29日　赴北京参加团体标准《警用无人驾驶航空器系统联网管理平台》（送审稿）审查会。

7月12日　与交通技校商谈合作。

7月12日　参加宇视新品发布会。

7月13日　召开二届八次理事会暨与杭州市安防协会座谈交流会，并参观走访了协会副理事长单位大华和海康。

7月21日　召开第十一次编辑会议并参观协会理事单位中亿丰科技。

7月24日　组织常务理事会领导和专家走访理事单位慧盾信息安全科技（苏州）股份有限公司。

7月30日　召开苏州安防学院招生工作座谈会。

8月1日　苏州市台办召开海峡两岸安防产品技术展筹备会。

8月11日　组织常务理事会领导和专家走访会员单位江苏中安智信通信科技股份有限公司。

8月16—18日 赴新疆参加第五届中国—亚欧安防博览会，并与新疆安防协会就"关于东西北部地区合作开展的精准扶贫助学就业"事宜达成合作。

8月23日 《警用无人驾驶航空器系统联网管理平台》团体标准发布实施。

8月22日 苏州市政法委、综治办领导莅临科达公司指导参观。

8月23日 辽宁省安防协会赵宇秘书长到访协会。

9月5日 组织常务理事会领导和专家参加苏州市安防线缆产业融合发展研讨会，并与苏州市光电缆业商会签订合作协议。

9月12—14日 参加连云港全国安协联盟工作交流会。

9月17日 山西阳泉市安防和保安协会领导莅临协会指导交流。

9月18日 在协会召开组织参加第十七届苏州电子博览会筹备会议。

9月29日 新疆维吾尔自治区安防协会理事长来访交流座谈。

10月11—13日 参加2018电博会海峡两岸安防协会友好合作揭牌仪式、智慧安防产品技术高峰论坛、苏州市安防协会无人机分会成立新闻发布会。

10月12—13日 组织副理事长及理事参加新疆安防协会理事会议。

10月18日 陪同唐山丰南区领导一行走访考察理事长单位科达科技。

10月19日 召开第十二次编辑会议并参观副理事长单位苏州市特种守押保安服务有限公司。

10月22—26日 组织会员单位参加2018北京安防展，参观、考察、走访公安部一所、旷视公司、天津市公安局、天地伟业。

10月31日 苏州市安防协会和苏州大学体育学院退休党支部联袂开展"党员一日"活动。

11月12日 召开苏州市安防协会无人机分会工作专题座谈会。

11月12日 参加苏州市安全防范设计安装维护技术第二期培训考试。

11月15至16日　参加2018年西藏智慧安防首届研讨会暨全国安协联盟西藏会议。

11月18日　与成都市安防协会交流座谈。

11月20日　走访苏州市人大教科文卫主任，汇报星级诚信建设工作。

11月21日　召开苏州市安防协会技术创新委员会，举行2019年度科技、金融服务专题座谈会。

11月22日　召开苏州市安防协会二届十九次常务理事会暨与吴中区女企业家联盟交流座谈会。

11月28日　召开苏州市安防协会2018年度星级诚信企业评审会议。

12月4日　协会召开2018年第四期杂志定稿会议。

12月7日　与苏州市光电缆业商会交流座谈、战略合作揭牌和陪同参观考察科达公司。

12月12—13日　参加2018第三届中国智慧城市互联网大会。

12月28日　美好苏州主题活动之"平安苏州"圆桌论坛顺利举行。

12月28日　苏州市安防协会三届一次会员大会暨无人机分会成立大会顺利召开。

12月28日　苏州市安防协会2018年度晚宴暨颁奖典礼圆满落幕。

2019年

1月5日　召开苏州市安防协会无人机分会首次理事会和首次专家会。

1月7日　参加全国安防联盟会议并作协会工作经验交流发言。

1月9日　参加常州安防协会年会和江苏省安防联盟会议。

1月17日　参加苏州工业园区安防协会年会活动。

1月21日　参加武汉市安防协会年会活动。

1月29日　苏州市安防协会派代表走访慰问御窑社区困难户。

2月21日　苏州市职业大学校企办和计算机学院领导来访协会，

商谈 2019 年安防学院工作计划。

2月28日　召开苏州市安防协会无人机培训教材编写工作会议。

3月1日　在南京参加华为申请加入江苏各市安防协会副理事长授牌仪式。

3月3日　参加苏州嗨森无人机科技有限公司 2019 年战略年会。

3月5日　清华大学加西亚低空安全技术研究中心领导来访协会。

3月6日　江苏省消防协会消防信息化专委会秘书长来访协会。

3月9日　参加永泰传媒在南京举行的 2019 中国安防工程商大会。

3月15日　协办中国智能建筑与智慧城市行业交流会。

3月22日　召开技术创新工作会。

3月27日　参加与宁波银行姑苏支行合作签约仪式。

3月28—31日　组织获奖会员单位参加"云智天山"第二届中国安防大数据发展高峰论坛暨 2018 年度安防行业颁奖盛典。

3月27—28日　参加济南安防展和济南安防协会年会。

4月3日　参加杭州安防协会八届会员大会。

4月10日　召开第十三次编辑会议。

4月12日　参加成都市郫都区人民政府招商引资推荐会。

4月17—20日　参加 2019 东北安博会和全国安防行业团体标准建设论坛。

4月21日　参加苏州市航空运动和模型运动协会 2018—2019（第十七届）年会。

4月23日　召开三届二次常务理事会，与江苏益友天元律所合作签约。

4月26日　参加镇江市安防协会二届三次会员大会。

5月6日　参加中安协"中国安防企业和产品国际化遇到的法律问题研讨会"。

5月7日　参加 2019 阳泉智能安防建设首届友好协会合作交流会。

5月10日　参加华为 2019 华为智能计算大会。

5月14日　苏州市保安服务公司成立无人机大队论证会顺利召开。

5月16日　参加2019宇视AI工程化新产品新服务全国巡展。

5月18日　参加苏州市建筑安装协会会员大会。

5月20日　参加中安协常务理事会。

5月22日　组织会员单位参加上海安博会。

5月22—24日　参加全国安协联盟会议暨智慧安防技术创新论坛。

5月23日　参加长三角区域安防产业一体化协同发展座谈会。

5月26日　参加西安安博会并与西安、甘肃、新疆等友好协会座谈交流。

5月31日　召开安防企业星级诚信地标和团标座谈会。

6月6日　参加第四届中国智能建筑节。

6月12日　召开电警、车辆卡口补光灯使用标准化建设座谈会。

6月22日　组织专家参观考察会员单位攀星光电科技有限公司。

6月28日　在理事单位苏州移动公司召开第十四次编辑会议。

6月30日　组织专家领导参加会员单位江苏宝华集团苏州众睿智能科技有限公司开业典礼。

7月5日　苏州市安防工程高级管理人员培训班在苏州特种守押保安服务公司开班。

7月12—13日　组织理事单位领导前往南京召开三届二次理事会、监事会暨赴南京南邮信息产业技术研究院考察学习,与南京市安防协会签订共建友好协会协议。

7月14日　参加"不忘初心,携手共进"三意集团2019党建工作总结会。

7月18日　苏州市安防行业星级诚信单位评价团标启动会在东亚电脑公司举办。

7月18日　参加苏州无损检测协会主办第六届太湖论坛2019苏州无损检测国际研讨会开幕式。

7月24日　组织会员参加华为中国生态之行2019苏州站大会。

8月2日　组织领导及理事走访考察通鼎互联信息股份有限公司。

8月9日　参加2019AI+智慧安防技术创新与产业赋能高峰论坛。

8月24日　组织会员单位参加锐捷网络新品推介会举行。

8月31日　在苏州电信公司举办安防行业星级诚信单位评价规范团体标准立项会议。

9月5日　召开安防行业星级诚信单位评价规范团标草案专家讨论会。

9月6日　2019年度安防行业CAD制图与设计、施工、维护能力等级评价培训班开班。

9月8日　召开苏州市安防协会企事业分会筹备会。

9月9日　与台湾保全协会商量第十八届电博会设安防展和安防论坛。参加第三届民营企业升级发展苏州高峰会筹备会。

9月20—21日　组织理事及以上单位领导去北京参加第一届中国安防工程商、集成商、报警运营商年度峰会暨首届PTS安防展。

9月25日　参加江苏省安防企业能力评价初审员会议。

9月26日　组织会员企业负责人参加第三届民营企业升级发展苏州高峰会。

9月30日　组织有关人员赴上海市公安局内保部门及内保协会学习取经。

10月9日　在苏州广电有限公司组织召开第十五次编辑会议。

10月10—11日　参加浙江省安协2019智能安防工程师大会及全国省际安防协会工作分享会。

10月17日　苏州市安防协会行动党支部和苏州大学体育学院退休教工党支部联合组织党员参加"不忘初心，牢记使命"主题教育活动。

10月19日　召开苏州市安防协会安保分会成立筹备座谈会。

10月22日　参加河姆渡2019智能建筑生态大会（南京站）。

10月23日　参加苏高职申报无人机方向专业专家论证会。

10月26日　参加中安协在广州召开的全国安防行业协会负责人座谈会。

10月28—31日 组织会员单位参加2019年深圳国际安防展并参观考察在深圳的大疆无人机、精华隆、海能达三家公司。

11月6日 在苏州国际博览中心组织召开安防产业创新发展高峰论坛。

11月8日 参加苏州市公安局科信处召开的安防新标准文件传达布置会议。

11月9日 协会公示2019年度优秀专家、优秀编辑、优秀报道和文章评选结果。

11月15—16日 参加南通协会首届四次全体会员大会暨全国安防协会南通联谊会。

11月20日 参加全市性社会团体秘书长专项培训学习;接待湖南省内保行业的领导来苏座谈、交流、参观、考察。

11月22日 在慧盾(苏州)公司组织召开团体标准《视频监控数据安全防护系统技术要求》送审稿评审会。

11月26日 组织部分技防专家去中慧交通智能科技有限公司和苏州交通运输指挥中心参观考察学习习交流。

11月27日 接待陪同苏州大学女知联和侨联领导、老师参观考察苏州科达公司。

11月29日 组织召开2019年度星级诚信单位评审情况征信公司汇报听证会。

11月30日 组织召开苏州市安防协会安保分会成立仪式筹备会。

12月2日 协会与上元教育科技有限公司联合发文合作举办注册建造师、造价师、消防工程师、BIM工程师等行业证书培训、考试。

12月7日 在中亿丰科技公司组织召开诚信委员会会议,讨论审核2019年度星级诚信单位公示名单。

12月12日 参加第四届中国智慧城市互联网大会广东峰会。

12月15日 组织举办首届"安防杯"扑克牌掼蛋团体赛。

12月28日 苏州市安防协会顺利召开团体标准《安防行业星级诚信单位评价规范》(送审稿)评审会。

12月28日 苏州市安防协会三届二次会员大会、安保分会成立、

"精准扶贫"活动启动仪式隆重举行。

12月29日 苏州市安防协会携兄弟省市协会领导走访苏州市职业大学安防学院与吴文化园。

2020年

1月3日 参加常州市安防协会年会。

1月10日 参加常熟市安防协会年会

1月18日 召开安保分会迎新茶话会。

1月19日 苏州市安防协会派代表走访慰问御窑社区困难户。

1月20日 协会2020新春贺词及放假通知。

2月3日 发布《同舟共济，众志成城：苏州市安防协会关于全力做好防控新型冠状病毒感染肺炎疫情工作倡议书》。

2月10日 完成《视频监控数据安全防护系统技术要求》团体标准制定工作，经审议通过批准发布。

2月7日 "抗击疫情，协会在行动"系列报道（一）：苏州科达科技股份有限公司开发直播授课云平台，保障教育用户"停课不停学"。江苏三意楼宇科技股份有限公司迅速组织集团党员群众主动作为，积极做事。

2月8日 "抗击疫情，协会在行动"系列报道（二）：苏州科达科技股份有限公司为卫健委、医院、疾控中心提供远程医疗、视频会议、视频监控。杭州海康威视数字技术股份有限公司提供免费云视频会议服务。浙江大华技术股份有限公司为浙江省、武汉市捐款捐物共计1000万元。

2月9日 "抗击疫情，协会在行动"系列报道（三）：姑苏区人大代表、苏州中亿丰科技有限公司董事长王安立通过姑苏区红十字会、苏州市勘察设计协会捐款101010元。苏州朗捷通智能科技有限公司通过集团金螳螂累计捐赠600万元。江苏国贸酝领智能科技股份有限公司向苏州工业园区慈善总会捐赠10万元。

2月10日 "抗击疫情，协会在行动"系列报道（四）：华为技术有限公司免费开放华为云WeLink"健康打卡"。中国移动通信集团江苏有限公司苏州分公司18小时快速完成五院部分病房及发热门诊的5G信号覆盖。益友律所开播益友微课《复工指导！疫情下苏州企业用工十大典型问题》。

2月11日 "抗击疫情，协会在行动"系列报道（五）：杭州海康威视数字技术股份有限公司的红外测温仪等产品广泛应用于火车站、医院等疫情抗击一线。上海爱谱华顿电子科技（集团）有限公司组织三十几名干部与员工，支援前线的战役。

2月12日 "抗击疫情，协会在行动"系列报道（六）：江苏天创科技有限公司建立远程监测平台，最大程度免去现场服务的风险，保障客户安全。浙江宇视科技有限公司支援全国多地"小汤山"医院建设。福建星网锐捷通讯股份有限公司为火神山、雷神山医院捐赠500台网络设备。深圳英飞拓科技股份有限公司的AI体温预警系统助力疫情防控。

2月13日 "抗击疫情，协会在行动"系列报道（七）：苏州工业园区科佳自动化有限公司组织党员、入党积极分子和公司群众捐款、捐物，提供志愿服务。苏州邦耀电子科技有限公司周德宏总经理和很多志愿者踊跃报名参与防疫工作。

2月14日 "抗击疫情，协会在行动"系列报道（八）：苏州展亚信息技术有限公司研发疫情监测手表，用科技防控疫情。苏州嗨森无人机科技有限公司在疫情期间免费提供技术支持，组建空中巡查"小分队"。

2月15日 "抗击疫情，协会在行动"系列报道（九）：苏州科达科技股份有限公司为天津市疫情防控一线的单位和工作人员提供免费视频会商服务。江苏三意楼宇科技股份有限公司搭建新型冠状病毒性肺炎疫情（社区）智慧物业预警平台、捐助疫情防控基金共计11200元，参与疫情防控在路口排查等基础性工作。

2月16日 "抗击疫情，协会在行动"系列报道（十）：苏州科达科技股份有限公司48小时开通助力6例新冠重症患者远程会诊。苏州嗨森无人机科技有限公司捐赠10套消毒喷洒无人机，驰援苏州高新区抗疫一线。

2月17日　"抗击疫情，协会在行动"系列报道（十一）：江苏中科智能系统有限公司捐赠测温设备，减少交叉感染的风险。

2月18日　"抗击疫情，协会在行动"系列报道（十二）：苏州科达科技股份有限公司为众多公、检、法机关建设远程提讯系统。联通系统集成有限公司江苏省分公司的5G热成像测温系统助力疫情防控。

2月19日　"抗击疫情，协会在行动"系列报道（十三）：苏州信颐系统集成有限公司协助姑苏区布控41套自动测温仪。常州市恒信和安电子科技有限公司积极做好上班防控工作。

2月20日　"抗击疫情，协会在行动"系列报道（十四）：苏州科达科技股份有限公司为疫情开发了一套系统，自动识别、劝导未戴口罩人员，进行社区封闭式管理及隔离管控等。常州市恒信和安电子科技有限公司启动全员钉钉健康打卡每位员工，采买防疫物资，让员工健康有保障。

2月26日　"抗击疫情，协会在行动"系列报道（十五）：江苏新亿迪智能科技有限公司完成"慧眼"智能闸机系统的部署任务，助力苏州火车站交通管控工作，积极为有关部门捐款、捐物。

2月23日　协会发文诚信团标征求意见通知。

2月28日　同意新增理事江苏中数智慧信息科技有限公司和会员单位苏州宜农农副产品配送有限公司、苏州恩斯特建筑科技有限公司。

3月27日　《苏州安防》2020年第1期印制完毕。

4月9日　无锡市公安局技防支队领导莅临协会交流指导。

4月25日　协会搬迁至位于苏州新区永和路6号的狮山横塘街道市民服务大厦9楼920、927室。

4月29日　协办2020中国安防工程商（系统集成商）大会暨第33届中国安防新产品、新技术成果展示会。

5月7日　召开安防协会安保分会工作会议。

5月19日　狮山商务创新区（筹）与苏州市安防协会、苏州科达科技共建及签约仪式顺利举行。

5月21日　协办2020年智慧路"全国行"苏州站行业交流会。

5月23日　协办大疆无人机新品推介会在苏高新顺利举办。

5月25日　协会与狮山商务创新区共建协议落实推进会议。

5月26日　向会员单位免费赠送中望中小微企业CAD软件应用包。

5月28日　2020华为商业分销地市百城行·全国首发——苏州站活动顺利举行。

6月4日　召开协会与狮山商务创新区（筹）共建安防产品展示厅与制定社会治理大数据平台地方标准工作会议。

6月6日　赴昆山召开协会无人机分会工作会议。

6月10—11日　参加浙江省安防协会五届三次理事会议。

6月16日　与苏州科技大学商讨校企合作事宜。

6月16日　召开协会与狮山商务创新区共建安防产品展示厅与制定大数据平台地方标准第二次工作会议。

6月19日　《安全技术防范行业诚信单位等级评价规范》成功发布。

6月23日　召开安防行业推进企业创新发展研讨会。

6月28日　协会首席顾问房余龙、内保分会副秘书长毕建钢编写的《中国玉器赏识》新书发布会及研讨会召开。

6月30日　参加苏州市人工智能职业教育集团会议，协会被选举为苏州市人工智能职业教育集团副理事长单位。

7月10—11日　召开三届四次理事会暨与南通安防协会友好共建仪式，并组织了参观考察活动。

7月15日　与光明培训中心、苏州市职业大学计算机学院一起商量申报无人机培训项目。

7月21日　向业务指导部门市公安局大数据建设应用支队领导汇报协会工作。

8月4—8日　走进藏区道孚县开展精准扶贫活动；参观考察三意科技（成都）分公司、中电建成都勘测设计研究院有限公司、成都理想科技开发有限公司；与成都安防协会、西藏安防协会（筹）进行座谈交流。

8月14日　协会副理事长单位华为技术有限公司成功举办机器视觉解决方案交流会。

8月18日　苏州市安防协会走进非公党建先进企业三意集团。

8月20日　召开消防分会筹备会议。

8月29日　举办2020年度技防专家培训班。

9月10日　参加2020长三角光电产业协同创新发展年会中国（苏州）光通信产业知识产权运营峰会苏州市光电产业商会二届二次会员代表大会。

9月10—12日　参加2020中国（杭州）数字安防生态大会及相关活动。

9月9—11日　组织协会专家参加数字安防产业高级研修班。

9月14日　阳泉安防协会秘书长来访。

9月12—15日　参加2020世界无人机大会。

9月15—16日　参加第四届中国安防百强工程（集成）商评选活动、第三届中国安防年度人物评选活动。

9月16日　苏州市安防协会为青海省安防协会帮困助学活动捐赠3万元。

9月17日　参加青海省安防展。

9月17日　参加2020首届平安中国智慧城市行业应用展览会。

9月23日　参加艾比森品牌营销会（南京站）。

9月25日　召开苏州市安防协会编辑会议暨朗捷通科技有限公司座谈会。

9月27日　浙江省安防协会吕叶金主任携会员单位来访。

10月16日　组织副理事长单位领导考察舟山核雕博物馆暨讨论2020年会工作筹备事宜。

10月21日　上海市无人机安全管理协会领导莅临苏州市安防协会交流指导。

10月26日　协会领导走访鱼翔通科技有限公司。

10月27日　召开参加第十九届中国苏州电博会、承办长三角智慧安防一体化论坛和讨论优秀产品供应商评选会议。

10月28日　组织会员单位参加锐捷网络（苏州）新建智能化研讨会。

10月28日　组织会员单位参加姆渡"多元赋能上下游，共建行业新生态——智慧城市建设私享会"。

11月2日　在苏州湾艾美酒店召开年会庆典活动筹备会。

11月5日　参加在江苏隆达智能科技有限公司召开的行业商（协）会友好合作座谈会。

11月9日　召开中国苏州电博会长三角智慧安防一体化发展论坛准备会。

11月10—12日　组织会员企业赴山西阳泉参加投资招商会。

11月13—14日　组织会员赴北京参加第二届中国安防工程商、集成商、运营服务商年度峰会。

11月14—15日　赴沧州市安防协会学习考察，结成合作伙伴。

11月16日　向苏州市台办领导汇报第十九届中国苏州电博会准备情况。

11月17—18日　参加上海第三届长三角科交会和长三角智慧安防论坛活动。

11月18日　组织会员企业参加全球硬科技开发者大会（苏州）。

11月19日　参加2020中国（杭州）智慧安防大会。

11月20日　组织专家参加2020中国国际栅栏护栏行业发展峰会。

后　记

十年磨一剑！

2010年以来的十年，苏州市安全技术防范行业乘风破浪、砥砺前行，取得了空前辉煌的业绩，为苏州市、江苏省乃至全国的平安建设工程，做出了不可磨灭的贡献！

苏州市安防协会成立以来的十年，有效有力地推动了苏州市安防行业的发展壮大，受到了政府有关部门的充分肯定，赢得了会员单位的普遍赞扬，走在了全国同业协会的前列。

十年来，苏州安防行业人才辈出，群英会聚，谱写了一篇又一篇华丽的篇章。此时此刻，如实记录十年非凡历程的《苏州安防群英》一书便应运而生。这不仅是为了在历史长河中留下他们的身影和行踪，而且有益于引领未来的苏州安防事业取得更大的进步、更多的成就！有鉴于此，王坤泉秘书长在谋划苏州市安防协会十年庆典活动之初，便向协会理事会提出了"三个一"的构想，即编辑出版一本全面展示苏州市安防协会十年发展历程的书、制发一套具有纪念意义和收藏价值的十年庆邮票、召开一场隆重的十年庆典大会。在《姑苏安防群英》的编辑出版过程中，围绕该书的内容、图案、序言、后记和出版单位、编委会成员等诸多事项，秘书长王坤泉与房余龙等同人们一次又一次地进行沟通、交流、商讨，明确分工负责，逐一落实到人，并且列出重点工作的进度时间表。在关键时刻，王秘书长又召开了有苏州大学出版社社长、总编辑、责任编辑和协会主要编辑人员参加的协调工作会议，对该书编辑出版的重要事项做出决定。这一切，为该书的顺利出版起到了根本性的保障作用。

《苏州安防群英》的面世，凝聚了许多人的心血。该书的主要内容是 20 多位在安全技术防范行业做出重要贡献的苏州安防协会的理事长、副理事长的先进事迹，而这些文章是苏州大学传媒学院的张东润、张子瑜、吴卉、索士心、夏文青、张雨晗等同学在陈一和胡明宇老师的指导下采写出来的。宋桂友广泛收集有关信息资料并且执笔起草，后经王坤泉、侯星芳、吴俊、王家伦修改，完成了《十年留炳耀 一路再辉煌》这篇长文，留下了苏州安防协会十年成长的足迹。王家伦对以往《苏州安防》内刊上的封面人物做了汇总和校正。王坤泉、杨健康、徐晓雯、金晓霞撰写了大事记。

这本书的出版，需要感谢的人还有题写书名的中国书协理事、中国书协培训中心教授、清华大学艺术学院特聘教授钱玉清，为本书题词的中国安全防范产品行业协会理事长王彦吉和中国公共安全杂志社社长、深圳市安全防范行业协会会长杨金才。特别要感谢的是苏州市原副市长、苏州市公安局原局长、现任苏州市警察协会会长张跃进先生，百忙之中为本书作序。长期以来，《苏州安防》刊物的成功创办，为今天《苏州安防群英》的编辑出版奠定了坚实基础，这要感谢该刊物的各位编辑们。

智者千虑，必有一失！《苏州安防群英》中的欠妥之处，敬请读者指正！

编者

2020 年 10 月 28 日